社会科学译丛

What is Cultural Sociology?

（Lyn Spillman）
［美］琳·斯皮尔曼 著
高蕊 译

什么是文化社会学？

北京大学出版社
PEKING UNIVERSITY PRESS

著作权合同登记号 图字：01-2022-5318
图书在版编目（CIP）数据

什么是文化社会学？ ／（美）琳·斯皮尔曼著；高蕊译. —— 北京：北京大学出版社，2025.7. —— （社会科学译丛）. —— ISBN 978-7-301-36335-5

I. G05
中国国家版本馆CIP数据核字第2025ST0060号

What is Cultural Sociology?
Copyright © Lyn Spillman 2020
First published in 2020 by Polity Press
This edition is published by arrangement with **Polity Press Ltd.**, Cambridge
Simplified Chinese Edition © 2025 Peking University Press
All rights reserved

书　　　　名	什么是文化社会学？ SHENME SHI WENHUA SHEHUIXUE？
著作责任者	〔美〕琳·斯皮尔曼（Lyn Spillman）著　高　蕊　译
责 任 编 辑	陈相宜
标 准 书 号	ISBN 978-7-301-36335-5
出 版 发 行	北京大学出版社
地　　　　址	北京市海淀区成府路205号　100871
网　　　　址	http://www.pup.cn
新 浪 微 博	@北京大学出版社　　@未名社科–北大图书
微信公众号	北京大学出版社　　北大出版社社科图书
电 子 邮 箱	编辑部 ss@pup.cn　总编室 zpup@pup.cn
电　　　　话	邮购部 010-62752015　发行部 010-62750672 编辑部 010-62753121
印 刷 者	大厂回族自治县彩虹印刷有限公司
经 销 者	新华书店
	890毫米×1240毫米　32开本　7.125印张　136千字 2025年7月第1版　2025年7月第1次印刷
定　　　　价	55.00元

未经许可，不得以任何方式复制或抄袭本书之部分或全部内容。
版权所有，侵权必究
举报电话：010-62752024　电子邮箱：fd@pup.cn
图书如有印装质量问题，请与出版部联系，电话：010-62756370

致　谢

多年以来，我有幸认识了许多文化社会学家，并同他们有过多次接触与交流，对此我深怀感激。是他们推动文化社会学从最初的萌芽阶段，发展成今天这样一个丰富多彩、活力四射的研究领域。他们使文化社会学成为我的智识家园，而这是很久以前的我所无法想象的，那时的我第一次萌生这样的疑问，为什么社会学家对于谈论文化似乎并不是那么感兴趣。多年来，在所有这些同行中，我特别幸运地得到了杰弗里·亚历山大（Jeffrey Alexander）、尼娜·埃利亚索夫（Nina Eliasoph）、保罗·利希特曼（Paul Lichterman）和安·斯威德勒（Ann Swidler）的支持、鼓励和友谊，尽管他们每个人都可能对本书所呈现的文化社会学图景提出批评意见。

我还要感谢乔纳森·斯克莱特（Jonathan Skerrett），是他启发了这个出版项目，感谢卡琳娜·雅库布斯多蒂尔（Karina Jákupsdóttir）的耐心指导，以及贾斯汀·戴尔（Justin Dyer）令人印象深刻的文案编辑。三位匿名审稿人的意见让手稿受益匪浅，迈克尔·斯特兰德（Michael Strand）也提出了有益的意见。我在圣母大学社会学系的同事和学生为文化社会学研究创造了一个鼓舞人心的环境，并在许多方面丰富了本书的内容。丽贝卡·欧弗迈尔（Rebecca Overmyer）在忙于其他工作之余还抽出时间来，为本书提供了巨大的帮助。雷切尔·肯顿（Rachel Keynton）、罗伯特·莫里（Robert Mowry）和莉莉·沃特穆恩（Lilly Watermoon）都在项目的不同阶段提供了重要的背景研究。我曾在文化社会学研讨课上就本书中的许多主题与学生进行深入探讨，这些探讨都使我收获颇多。我尤其要感谢这些年与我一起准备博士资格考试的70名学生：每次我们会面结束后，我都会为自己能有这样的机会而感到庆幸。拉塞尔·费格斯（Russell Faeges）在以上所有这些方面及其他更多方面都给予了我许多帮助，我感谢他对我始终不变的支持。

CONTENTS ▶ 目 录

第一章 导　论 001

第二章 以意义为中心 033

第三章 意义与互动 076

第四章 生产意义 113

第五章 结论：景观、舞台与场域 158

参考文献 183

索　引 201

第一章
导　论

　　如果说社会学的作用是帮助我们认识人类群体和人与人之间的互动，告诉我们它们如何运作，如何影响我们的生活，那么文化社会学的主攻方向则是人们赋予自己所属群体及互动的意义，也就是说，文化社会学更加关注人们所处的群体对于他们意味着什么，这些意义来自哪里，它们如何影响人们日常所采取的行动。

　　对于人类来说，意义是我们生命中非常核心的组成部分，就像我们需要水、需要懂得照顾婴儿一样。我们的生活总是充满了意义和意义生成（meaning-making）的过程。有时候我们觉得自己的想法和价值观是天经地义的。养育我们的人将他们对世界的看法潜移默化地传递给我们，这些看法看上去是那么的自然而不容置疑，它们支持着我们，维系着我们的生活。对于我们来说，意义生成的过程就像呼吸一样，空气无所不在，可是我们却很少意识到它的存在。

在另一些时候，我们会发现，有关什么才是真正有意义的，其实存在许多不同的声音。而这种情况的出现也变得越来越频繁。发现差异，常常让人感到兴味盎然，并有助于我们更好地了解自己，与此同时，文化差异也可能给我们带来"文化冲击"，那些挑战我们固有观念的不同见解甚至可能看起来更像在挑起"文化战争"。现代生活让文化差异的升级变得不可避免，但同时也通过既有的大众媒体和社交媒体提供成倍增长的分享意义的机会。

文化社会学为我们提供了用来探索各种各样的意义生成过程的概念和方法，包括我们所共享的熟悉的意义，也包括我们所不熟悉的、陌生的，以及我们与他人之间存有分歧的意义。如若关注我们周围的意义生成，我们可以通过思考不同的仪式、符号、价值观、规范和范畴来确定自己的方向。

仪式、符号、价值观、规范和范畴

与日常生活相区别，仪式（rituals）往往是大型而隆重、经过精心策划且具有重复性的活动，它们通常更能凸显文化和文化差异。婚礼、毕业典礼、动员大会、宗教仪式、生日庆祝活动和爱国节日——所有这些都是表达我们社会关系之意义的仪式活动。

例如，结婚仪式表达的是对新家庭的承诺，而七月四日[1]或巴士底日[2]等爱国节日则表达了共同的国家认同。

人们总是有意识地把仪式与日常生活区分开来，这使得仪式更能彰显文化之间的差异。例如，虽然各地的毕业典礼都标志着毕业生在社会地位上的变迁，但每个地方的毕业典礼却又不尽相同。在新西兰，大学毕业典礼以本地毛利人传统的欢迎仪式开始，通常由一名毛利男性吹响海螺贝壳，再由两名身着传统服装的毛利女性发出"凯朗阿"（Kairanga）或呼喊声。随后，大学校长会用毛利语致欢迎辞，这之后的典礼才会像英语世界其他地方的毕业典礼一样进行下去。再举一个例子，尽管所有国家的国庆节都以庆祝历史和爱国主义为主题，但挪威的"儿童游行"[3]（由每个城镇的学校协调举行）（Elgenius 2011，119-122）肯定与美国七月四日的烟花，或法国巴士底日的华丽阅兵，以及各地消防站的派对[4]看起来都不一样。这些在其他国家举行的仪式浓缩了文

1　美国的独立日，即美国的国庆日。——译者
2　巴士底日是英语中对法国国庆日的称呼，为每年的 7 月 14 日。——译者
3　每年的 5 月 17 日是挪威的宪法日，也是挪威国庆日，人们照例会在当天举行各种各样的庆祝活动，而由各地小学组织的儿童游行是庆祝活动的核心组成部分。——译者
4　为了庆祝法国国庆日，在每年的 7 月 13 日和 14 日两天，法国全国很多地方的消防队会在消防站举行大型派对，并邀请当地民众参加。据说这一传统始于 1937 年的蒙马特地区消防站。——译者

化差异，突出了参与其中的人们"自然而然"予以认同的故事和符号。同时，它们还可能浓缩并凸显某些我们不那么熟悉的历史和冲突的痕迹——上述提到的仪式，比如新西兰的毕业典礼，其实在某种意义上保留了毛利人在19世纪中叶抵抗白人（pakeha）入侵的历史痕迹，而"儿童游行"则体现了19世纪晚期挪威为构筑挪威人身份认同并从瑞典获得独立而做出的战略努力（Elgenius 2011，119）。

在有些情况下，举行仪式也会使人们在意义领域的冲突和分歧变得更加鲜明清晰。比如，举着大标语、喊着口号的抗议人群使得政治争端的表达更加戏剧化。同样，许多名人在奥斯卡颁奖典礼上宣布获奖者时，往往借自己服饰的色彩或佩戴某种特定标识来表达自己对某些敏感社会议题的支持。

无论大型仪式活动如何表达共识、分歧和争议，它们都生动地诠释了我们所属群体以及社会关系的意义，并凸显出文化上的不同。但是，文化差异并不仅仅局限于让我们眼前一亮的高光仪式，进入任何新的环境，我们也会遇到一些不那么明显的差异，它们看上去没有仪式显眼，但也常常让我们感到新奇。

比如说，我们会遇到不同的符号（symbols）。语言往往体现出一种明显的符号差异，即便使用的是同一种语言，第一次听说的词语和措辞也会让我们在与来自不同的亚文化群体或其他地区的人交流时感到有些陌生。(当你点饮料的时候,你是应该说一杯"苏打水"[soda]、"汽水"[pop]、"冷饮"[cool drink]、"软饮"[soft drink],还是"冰饮"[frappé]?"新生"[freshmen]这个词到底是什么意思?)而符号差异的内涵远比语言更为深刻。许多符号,比如球队吉祥物、宗教形象和国旗,会出现在仪式活动中并在其中发挥核心作用,但符号的象征意义也渗透到日常生活中,比如制服往往表明一个人的身份,证明他/她属于某个团队、学校、军队或其他工作场所,T 恤则展示出我们的审美品味或所属的文化群体,而几乎全世界所有地方都存在着男装和女装的区别(我们可以考虑:为什么西方国家大多数男性不穿裙子?或者,人们为什么要穿高跟鞋?)。即使是最简单的颜色也有不同的含义(比如,究竟是黑色与死亡的关联更加紧密,还是白色?佩戴粉红丝带、红丝带或黄丝带分别有什么不同的说法?),而消费主义则创造了一个更加复杂的符号宇宙(比如,穿哪种运动鞋能给人留下最好的印象?)。

拥有共同的符号体系能够让交流变得更加顺畅,反之,遇到陌生的符号则常常让我们感到犹豫和困惑。比如,军功章所代表的具体含义,或者路标、硬币或 T 恤上不太常见的图案,我们也总是想知道它们到底是什么意思。如果我们遇到的符号体系过于陌生——例如,古罗马社会中身着长袍(toga)或普通外衣

（tunic）所反映的社会地位差异，或原住民群体用不同的笔触如线条和圆点所创作的岩画——我们就需要像学习一门新的语言那样去学习相关的符号体系。除了表达理所当然的共识和陌生的文化差异，符号还表达着权力、挑战和冲突。比如，头顶皇冠和拥有私人飞机是一个人拥有权力的象征。彩虹旗代表着性少数群体向公众普遍持有的性偏见发起的挑战。而位于贝尔法斯特或芝加哥社区里的大型壁画则长久昭示着长期的政治紧张局势。

关注这些仪式和符号，无论是我们自己的还是他人的，都有助于我们对文化进行反思，并帮助我们确定文化社会学的方向。其他一些常见的观念也很有用，我们可以通过思考价值观、规范和范畴来加深自己对于文化的理解。

当我们评价某一事物是好是坏，或评价另一事物是更好还是更坏的时候，我们所表达的其实是我们的价值观，而这样的评价（evaluations）往往是一种道德判断。人们常常提倡"家庭观念"或"教育"的价值，也可能提到"传统"或"创新"有多么重要，但这些价值观在实践中的具体含义往往是模糊的，其实践方式也会随着社会环境的改变而发生变化。例如，当我们谈到要"重视家庭"的时候，我们所说的是由远房表哥和姨祖母等所有支系和旁系亲属组成的大家庭，还是可以把范围只限于直系核心家庭？如果我们把同性伴侣及其子女也包括在内，是否会引起争议？（正因为如此，文化社会学家现在更倾向于把评价体系 [evaluation] 作为研究的对象，而不是更为僵化的价值观 [values] 概念）。不过，不管价值观在实践中如何被应用，人们经常根据这些道德标准来划分自己与他人、"我们"与"他们"之间的界限。除了道德观，审美观（如音乐品味）对于人们做出判断和界定群体也很重要。事实上，文化社会学家已经证明，审美价值往往与道德判断密切相关，在界定群体身份方面起到同等重要的作用。

微妙的文化差异往往体现在不同的评判体系之中。有些人根据别人居所的面积和品质来判断他们过得比自己好还是比自己差，另一些人则根据别人的音乐或电影品味做出类似的判断。有时候，价值观的差异和变化会造成文化上的矛盾，就像公司里面的女性高管常常需要努力调和家庭责任与职场标准对她们提出的相互冲突的要求。与之相反，选择做全职主夫的男性往往会被同龄人和朋友视为"失败者"，只因为他们更愿意为家庭付出而没能遵从社会上对男性必须从事有偿工作的严格期待。在更广泛的意义上，甚至一些最棘手的政治冲突也往往表现为价值观上的巨大差异，比如存在于平等主义和专制主义的政治价值观之间的冲突，或者为开发新的采矿业务进行评估时发生于经济利益和环境风险之间的矛盾。

无论身在何处,我们都可以通过观察仪式、符号和评价体系,更敏于文化差异。同样,我们往往也可以通过观察社会规范(norms),来发现耐人寻味的文化差异。比如,人们在社会交往中遵循着怎样的常识?因为规范通常就是我们所认同的常识——我们几乎从来不会注意到它们,直到有问题出现。如果你从大城市搬到小镇生活,你可能会奇怪为什么街上的陌生人会和你主动打招呼——这似乎打破了城市生活中人们总是独来独往的普遍人际互动规范。同样,讨价还价、主动示好或打断别人的谈话,类似行为在某些环境中是正常的,但在另一些环境中却非常令人反感。细微之处的互动模式看似微不足道,但当它们遭到破坏时,我们就会懂得它们对于意义生成的重要性。

比各种规范更能见微知著的是我们用来划分世界的范畴(categories)。对世界进行分类能让我们澄清模糊的感知,消除混淆和模棱两可。清晰的范畴概念使认知和行动都变得更加容易。比如,懂得下国际象棋的人,因为熟悉"后"和"兵"在棋子里意味着什么,就会比一个完全分不清这两枚棋子的人更容易记住棋局,因为对后者来说,所有棋局看起来都差不多。同样,那些在市场上定位模糊的公司,其股票往往没有归类明确的公司的股票表现得好(Hsu et al. 2009;Zuckerman 2004)。

在更广的范围内,范畴始终是重要的文化元素,因为不同社会群体对同一现实的分类方式往往不尽相同,而这些文化范畴(分类方式)是具有深远社会影响的。比如说,不同社会对于如何界定"成年人"有完全不同的标准。你什么时候才能变成一个真正的成年人,十五岁还是二十五岁?成年的标准是什么,是可以参军打仗、生儿育女、举行成人礼[5],还是可以考驾照、喝酒、毕业、投票选举、独立谋生或组建自己的家庭?"童年"、"青春期"、"成年"和"老年"都是由社会定义的重要范畴,每个范畴都会对我们的生活产生根本性的影响(Benedict 1959 [1934]; Furstenburg et al. 2004)。再举个例子,我们常常提到"专业人士",究竟什么工作可以被界定为具有"专业性"?我们理所当然地认为医生和律师是专业人士,那么艺术家或儿童照护工作者呢?社会的标准决定了一份工作能否被界定为具有专业性,无论是对于从事这份工作的人,还是对于他所服务的客户来说,这种界定都事关重大(Spillman and Brophy 2018)。

事实上,有很多文化挑战和冲突针对的正是社会范畴。年纪大的人往往对禁止老人开车的规定表示不满,而儿童照护工作者希望能够组织起来让自己的职业得到更多的社会认可。通过

---

5 作者在这里提到了两种不同的成人礼:一种是 bar mitzvah,特指犹太男孩在 13 岁时举办的成人礼;另一种是 quinceañera,特指墨西哥和其他拉美国家的女孩在 15 岁生日时举办的成人礼。——译者

审视这些常见的社会范畴，我们可以观察到另一种重要的文化差别。

因此，要研究文化、文化差异和文化冲突，我们必须对无所不在的意义生成过程变得更加敏感。思索文化的各种组成元素，比如仪式、符号、价值观、规范和范畴，为我们认识并深入理解意义的生成提供了必需的语汇和方向。有了这种对于身边文化元素和文化差异的关注，我们就能更好地分析和理解它们。

文化概念

不同年代的学者都曾尝试理解文化、文化差异和文化冲突，因此，在探讨当代文化社会学之前，我们不妨先来了解一下文化这一概念是怎么出现的，又是如何被社会学学科所接受的。文化这一概念承载着深厚的历史内涵，这些内涵在当代研究中依然产生回响。而这种历史包袱也可以说明为什么人们常常会对文化概念产生困惑。梳理文化概念的历史演变可以帮助我们澄清文化的所指，并展示当代文化社会学提供的概念工具是如何帮助我们清晰界定并聚焦于文化解释的。

今天我们所理解的"文化"概念起源于欧洲，最初用来描述人类群体之间的差异以及群体内部的变化。对于前现代和非西方社会是如何理解我们现在所说的文化差异的，我们知之甚少。据我们所知，当下文化概念的源头可以追溯到古希腊历史学家希罗多德（Herodotus，约公元前485—前425）。希罗多德曾经仔细观察和分析了不同群体和地域在饮食、服饰、两性关系、性行为、宗教和军事组织等日常习俗方面的差异，并注意到"同样的习俗和规范，可能在一个群体中被认为是正确和恰当的，而在另一个群体中却被视为匪夷所思，甚至是离经叛道的"（Evans 1982，40；另见 Ginzburg 2017）。后来的北非学者兼政治领袖伊本·赫勒敦（Ibn Khaldun，1332—1406）因其著作《历史绪论》（*Muqaddimah*）而备受推崇，他在书中分析了阿萨比亚（asabiyyah）概念（指社会凝聚力或群体团结），指出与由中央政府领导的复杂社会相比，游牧部落社会的凝聚力更强，从而勾勒出解读文化在社会中所起作用的原创理论（Çaksu 2017；Dhaouadi 1990；Gellner 1988）。与伊本·赫勒敦同时代的欧洲人更多地遵循古典地理学传统，认为社会特征主要取决于自然环境，而这些特征会一代一代地传下去——例如，那些在自然环境恶劣的地区生活的人往往会养成坚毅的性格。不过，这种看法被一位早期地理学家尼古拉斯·德尼古拉（Nicolas de Nicolay）所摒弃，他于1551年随法国大使游历了奥斯曼帝国，之后便抛弃了地理决定论，转而关注社会化过程、取决于情境的行动和社会工程等更具现代性的因素如何影响群体特质（Mukerji 2013）。

20世纪英国社会学家、文学评论家、小说家和活动家雷蒙德·威廉斯（Raymond Williams）通过对"关键词"（keywords）的研究，追溯了欧洲文化观念从16世纪左右开始的发展历程（Williams 1976）。威廉斯认为，文化这一概念是在英国文艺复兴时期作为表示某种"过程"的名词出现的。起初，"文化"指的是培育农作物或饲养牲畜的过程，然后，这种提法逐渐从农业畜牧业领域扩展到人类个体的发展，比如指代某种技能或灵魂的"培育"。而作为一种培养过程的文化概念从农业畜牧业向人类发展领域的延伸，伴随的是历史进程中人性责任观念的转变，即从责任归于宗教和形而上学，转变为归于人类自身。不过，在这一早期阶段，"文化"作为一种过程总是意味着对某种东西的培养，无论是农作物还是人类自身的技能。

但在工业革命之后，从18世纪晚期起，"文化"开始指代人类的某种普遍特征、某种体制或整个群体的属性：它不再表示一个变化的过程，而成为一种抽象的概念。到19世纪中叶，在英语中，"文化"代表了道德智识活动与在新兴资本主义、工业、民主和革命领域中出现的新的经济政治趋势之间存在的区别。这标志着思想、理念和艺术自此已与正在破坏传统社会的经济和政治活动及其他社会力量相分离。"文化"成了与经济和政治变革相对立的权威中心，同时也是英国浪漫主义作家和其他对工业革命持批判态度的人进行价值判断的依据。"文化"代表了人类内在世界及精神追求的一种抽象品质，从而把艺术、宗教及其他内涵有丰富意义和价值的领域和实践与经济和政治制度和实践区分开来。例如，英国教育家马修·阿诺德（Matthew Arnold）曾在1869年提出，"文化"因其天然具有由艺术和人文学科带来的敏感性和灵活的判断力，可以成为颇具破坏性的当代物质主义的解毒剂（Eagleton 2000, 11；Griswold 2013, 4-5）。这一系列的历史建构到今天仍在影响我们对于艺术和大众文化的认识，我们依然觉得文化有别于经济和政治进程，甚至也许比经济和政治进程"更加高尚"和"更加纯粹"。

与此同时，欧洲人对其他民族的了解日益增多，加上他们对全球的探索和征服，这又为文化概念增添了一层与以往不同的、更具比较性的内涵。文化概念被用来强调和分析人类种群之间的差异。特别是对于德国的思想家如18世纪的哲学家约翰·戈特弗里德·冯·赫尔德（Johann Gottfried von Herder）来说，"文化"开始与一个群体的"整体生活方式"联系在一起（Eagleton 2000, 12-13, 26）。在有些情况下，不同的文化被视为代表着人类进步的不同阶段，可以由人们的生存手段、艺术、信仰和宗教等特质进行追溯（Kroeber and Kluckhohn 1963 [1952], 32）。然而,从19世纪末开始,人类学家让这一概念变得多元化和相对化,因为他们认识到不同的文化不能按照单一的等级体系来评价——于是,"文化"变成了被认为具有同等价值的"文化们"。这种将文化视为一种整体生活方式的多元、相对、比较的观念,正是人类学学科建立的基础(Benedict 1959 [1934];Kuper 1999;Ortner 1984;Stocking 1968)。

这一历史谱系对于今天的大众依然产生深远的影响,塑造着人们对于"文化"概念的理解。我们现在都知道文化是多元的,文化具有无数的可能性,文化中的各种元素相互关联不分彼此,并且这些元素必须放置到大的背景下才能被理解。我们会通过旅行来体验"不同的文化",或者在城市节日中庆祝"文化"的多元性。这些文化所表示的含义都来自人类学领域,并在20世纪中叶被大众普遍接受。

正是因为有上述复杂的历史谱系,即使是同一个人,对"文化"这一概念的使用也常常千变万化。有些时候,根据第一条历史线索,你可能会用这个词来指称以艺术和人文学科为代表的独特知识领域,它总是有别于政治和经济等"实用"领域,有时可能比它们强一些,有时也可能弱一些。在其他一些情况下,根据第二条历史线索,你可能用这个词来描述整个群体所共享的一些特质,正是这些特质把一个群体与其他群体区别开来。单单是识别文化概念的不同历史谱系，就能帮助我们消除不必要的混淆和歧义。

社会学中的文化

直到 20 世纪晚期，社会学家对文化这一概念的使用也是相当随意和模糊的。如罗伯特·尼斯贝特（Robert Nisbet）所言，因为"社会学比其他任何学科都更深入地探讨了欧洲文化中传统主义与现代主义之间的冲突"（Nisbet 1993 [1966]，vii），所以在社会学中，文化往往在之前提到的第一种意义上被视为人类生活的一个独立领域。而另一方面，随着文化作为群体属性的人类学观点的普及，社会学也深受其影响，以至于 20 世纪的社会学教科书多年来一直使用"人类学文化观"这一概念。

不过，尽管社会学（与人类学不同）在很长一段时间里没有清晰界定文化的概念，类似的观点却以其他方式蓬勃发展。几乎所有最经典的社会学理论家都是在文化概念尚未成形的时期进行写作，因此他们并没有提供理解"文化"的经典范式。不过，他们都留下了与文化相关的思想和理论命题，这些思想和命题在后来的文化社会学中以不同的方式整合，仍然起到至关重要的作用。卡尔·马克思（Karl Marx）用意识形态概念（Marx 1978

[1846]；另见 Eagleton 1991；Wuthnow 1992）揭示了意义建构对于统治的重要性。马克斯·韦伯（Max Weber）为社会学中的意义诠释性分析确立了重要地位，他的有关社会地位和历史合理化的独特理论在文化社会学中具有深远的影响（Weber 1998 [1904-1905]；另见 Schroeder 1992）。埃米尔·涂尔干（Émile Durkheim）提出了集体意识（collective conscience）、集体表征（collective representations）、认知范畴和仪式等理论，也为社会学中的文化分析奠定了基础（Durkheim 1995 [1912]；另见 Alexander and Smith 2005）。格奥尔格·齐美尔（Georg Simmel）则通过区分客观文化和主观文化的概念，对个体与周围文化的关系进行了广泛的思考（Simmel 1971；另见 Frisby and Featherstone 1997）。然而，尽管这些经典理论家都提供了思考文化中各种要素如仪式、符号、评价、规范和范畴的有效方法，但他们大多只是将其作为回答其他问题的辅助手段。

20 世纪 60 年代出版的一本社会学畅销书改变了这一状况，它的书名就体现了一种有关文化的真知灼见——"现实的社会建构"（the social construction of reality）这一核心观点。作者彼得·伯格（Peter L. Berger）和托马斯·卢克曼（Thomas Luckmann）在书中试图提供一种"对日常生活现实的社会学分析"（Berger and Luckmann 1966，19）。他们将 20 世纪知识社会学领域中发展出来的概念和方法应用于世俗生活，认为尽管这些工具原本针对的是理论知识的形成，但也可以用来还原"人们在日常非理论或前理论生活中所'认识'到的'现实'"（Berger and Luckmann 1966，15）。为此，他们借鉴了现象学家阿尔弗雷德·舒茨（Alfred Schutz）有关常识（common sense）的理论；他们遵循了韦伯对主观意义的强调；他们采纳了涂尔干有关"社会事实"如何对个体行为产生影响的观点，并依据马克思的理论对涂尔干的观点进行修改，使其能更准确地揭示个体与社会之间相互影响的辩证关系；同时，他们还融入了乔治·赫伯特·米德（George Herbert Mead）的符号互动论对社会化过程的理解（Berger and Luckmann 1966，16-17）。尽管他们自始至终都没有明确定义文化的概念，但他们的著作无疑宣告了文化的入场，自此，那些对文化、文化差异和文化冲突感兴趣的社会学家便有了属于自己的无可争议的领地。由于他们为理解意义建构所提供的平台被社会学界广泛采用，人们现在所知的"社会建构主义"已经被视为整个社会学领域的共同基础（Vera 2016；与此相关的更多理论探讨请参见 Smith 2010，119-206）。

在伯格和卢克曼看来，个体会在日常生活中将社会关系的结构化模式内化为主观认知框架，然后对这种模式进行复制或者（在某些情况下）改变。例如，一个人可能会将等级森严的家庭关系内化,然后在自己的生活中继续复制类似模式。内化是以个人周围的社会关系产生的"符号"为中介的。因此,孩子可能会通过互动中实际的顺从迹象或明确的权威符号来理解家庭中的等级关系。"现实的社会建构"观点有效综合了从宏观到微观的各种社会理论,包括客观社会结构理论、互动理论以及主观体验的现象学理论。从本质上说,伯格和卢克曼为理解意义生成的过程,即理解"文化",提供了一套独一无二的社会学语汇。

因此,尽管直到20世纪中叶社会学家对于文化还没有形成非常清晰的概念,但他们已经开始从"意识形态"、"集体意识"、"诠释"或"现实的社会建构"等概念的视角来看待那些本质上属于文化的过程。对一部分社会学家来说,这些观点的广泛应用基本上解决了文化分析的不确定性问题。然而,在另一部分人看来,"现实的社会建构"等观点虽然提供了有益的方向,但由之而来的问题甚至要多于其能够解决的问题。比如,现实的辩证社会建构在实践中是如何运作的?这一观点对于开展文化社会学研究究竟有何启示?

一个长期悬而未决的问题是存在于文化冲突观与共识观之间的理论僵局,前者把文化等同于强调权力与冲突的意识形态概念,后者则把文化等同于强调群体团结与共识的集体意识概念。另一个经常出现的矛盾是,在研究文化时,究竟是应该关注社会结构（社会关系的经常性模式）的影响，还是应该关注互动过程（互动过程往往能为人的能动性和创造性留出理论空间）的影响。而第三个问题则是，有关文化的研究是应该强调对意义本身的诠释（例如韦伯在其著名的新教伦理研究中的做法[Weber 1998 (1904-1905)]），还是说真正的社会学方法应当尽量减少对仪式、符号、评价、规范和范畴的深入解读，转而关注可能解释这些现象的外部社会力量。由于"文化"的定义往往过于宽泛和抽象，总是被用来概括和反映整个社会，对于研究文化的社会学家来说，这些长期存在的矛盾——冲突与共识、结构与个体能动性、意义诠释与外部成因——就更加难以解决。比如，对于像"美国文化"这样宽泛、抽象的主题，人们甚至难以着手去回答有关意义生成的具体问题。

不过，从20世纪70年代开始，在解决这些问题的过程中，社会学家不再把文化视为一个模糊、边缘和抽象的概念来处理，而是明确提出理解文化、文化差异和文化冲突的具体概念和方法。一个充满朝气的文化社会学领域由此应运而生并开始蓬勃发展。

文化社会学与意义生成的过程

我们现在已经知道文化概念的模棱两可有可能来自很多源

头，特别是在社会学领域中。其中包括我们在现实世界中可能遇到的各种特定的仪式、符号、评价、规范和范畴及其千差万别的具体表现，也包括在如何分析这些仪式、符号、评价、规范和范畴的问题上所出现的诸多选择与争论。此外，文化这一概念的历史演变还赋予了它两种非常不同的含义：一种是把文化当作现代社会中一个独立的制度领域（突出了文化与经济和政治的差异）；另一种就是把文化理解为可以定义整个社会群体的特定属性（突出了群体间的差异）。除此之外，社会学领域自身所存在的学术争论，比如在分析问题时究竟是应该强调文化冲突还是文化共识，应该强调客观结构的影响还是主观能动性的作用，应该强调意义的解读还是原因的分析等，也为文化思考增添了另一层复杂性，使得理解文化要素的语汇工具无法统一。如此一来，常常会有社会学家抱怨文化现象根本无从分析，因为它们总是太过庞杂和混乱。但如果进一步仔细思考，又会发现这种抱怨其实并没有什么扎实的根据：即便是那些被人们认为比较容易研究的领域，比如政治和经济，当我们开始深入挖掘时，也会呈现出复杂而模糊的面目。所以我们需要的是一个能够在复杂情境中提供连贯性的社会学的文化概念。这也是文化社会学家自20世纪70年代以来一直致力于研究和运用的概念。

所有的文化社会学关注的重点都是意义生成的过程。文化社会学家探究与意义相关的谜团和问题，在此过程中，他们试图解释人们之间相通的并常常视为理所当然的各种仪式、符号、评价、规范和范畴，也试图从一种前所未有的视角理解文化观念是如何影响权力运作的过程，以及社会中存在的不平等现象和冲突的。对他们来说，意义生成的过程既有规律可循，也时时呈现出千变万化的样态。

作为意义生成过程的文化概念，实际上回归并拓展了雷蒙德·威廉斯所发现的文化作为指代某种过程的名词的原初用法，而在那之后很长一段时间里，"文化"都被当作一个静止、统一而抽象的实体存在。既然现在这个术语（文化）被理解为指代一种过程，意义的各种要素就可以纳入其中，因为意义总是在仪式、象征化（symbolization）、评价、规范性行为和分类（categorization）（以及其他文化过程）中产生和表达的。

与此同时，作为意义生成过程的文化概念，还能很好地涵盖自身意义的历史演变：无论我们分析的重心是把文化视为一系列生产符号的社会制度（艺术、流行文化、大众文化等），还是把文化视为定义群体的一种属性（以及标识群体差异的特征），都涉及意义生成的过程。

具体到社会学领域，作为意义生成过程的文化概念既能突出不同方法和路径的共性，又能包容它们各自针对过程的性质所做的差异化解读。它与由伯格和卢克曼提出的、被社会学家普遍接受的"现实的社会建构"这一观点有着密切的联系，但它为更加精准和灵活的分析留出了理论空间，使对社会建构的深入剖析得以展开，社会建构因此不再只是一个有关"现实"的空洞的社会学假设。这种文化概念使我们能够从有关冲突与共识、结构与能动、诠释（interpretation）与解释（explanation）等的社会学经典的总体性争论中退一步，抓住它们之间相通的逻辑理念，然后将争论转化为具体的经验性问题，比如，"在某种情形下，冲突与共识是如何结合的？为什么会这样结合？"同时，正如本书即将展示的，作为意义生成过程的文化概念也涵盖了文化社会学领域关于如何研究文化的最新进展。

当然，所有的研究都是从理论预设开始的，在这里，有必要明确文化概念所包含的理论预设。文化社会学的主要预设蕴含在意义这一基本概念中。文化社会学家认为，人类是创造意义[6]的动物，意义是所有人类群体和人类行为的重要组成部分。意义完

---

6 meaning-making 是本书最核心的概念，在不同语境中它在语义上可能会有细微差别，当 meaning-making 作为独立概念出现时，我选择"意义生成"的译法，因为这种译法能够更加准确地传达 meaning-making 所融合的客观结构的影响与主观能动的选择。但在个别语境中，如在本段中，我也会把 meaning-making 译为意义的创造／创生，或意义的建构，用以凸显 meaning-making 隐含的主体行为与选择的内涵维度。——译者

全不同于生物过程：尽管创造意义已经逐渐演变成作为生物体的人类所具备的一种自然能力，生物特性与文化过程也总是相互影响，但意义不能还原为生物过程。同时，意义从根本上说是具有公共性质的：个人的主观经验在意义生成过程中无疑是必不可少的，但意义不能还原为个体经验。相反，正是集体性的意义生成过程，为个人的主观体验创造了前提条件。这些理论预设——人类是创造意义的动物，文化不可还原为生物层面的东西，意义不可还原为个体的主观经验——构成了文化社会学研究的坚实基础，也引导着文化理论发展的方向（Spillman 2016）。

考察意义生成过程的三个视角

文化社会学家正是在上述概念基础上来探究意义生成的过程的。那么，有了这些基础，要从事文化社会学研究，还需要掌握哪些知识和技能呢？本书将呈现文化社会学领域的三个主要研究方向。

在第一个方向上，文化社会学家关注文化客体及其属性。与大多数其他社会学家不同，文化社会学家深入分析的对象是伯格和卢克曼所说的在"现实的社会建构"中起中介作用的"符号"（signs）。比如，用不同的方式讲述同样的故事如何产生不同的意义？或者，广告牌的风化程度如何影响到它们所传递的信息？仪式、符号、评价、规范和范畴都是通过符号来表达意义的，因此，文化社会学家从不认为符号只是一种透明和直接的媒介，相反，他们认为符号的作用是最为核心和不可或缺的，并专门研究符号的文化形式如何影响意义生成的过程。与社会学的其他视角相比，这应该是文化社会学最独特的贡献。

在第二个方向上，文化社会学家聚焦于社会互动中的意义生成。符号互动论是社会学学科中一个重要的研究领域，基于这一研究传统，文化社会学家重点关注个人之间和小团体内部的互动如何影响意义生成。例如，童年时期的互动体验是如何塑造一个人持久的音乐或政治偏好的？这些偏好又是如何影响他之后的互动行为和发展前景的？又比如，亚文化群体如何彰显其与主流文化群体间的差异？即便是社会中普遍使用的符号，其意义的表达和解读也会被人们行动和互动的具体过程所塑造。

在第三个方向上，文化社会学家分析文化如何在大型组织、机构或行动领域中产生。社会结构与大型组织也是社会学研究的经典领域，而文化社会学家更多关注的是意义生成过程如何受到大范围的社会关系模式及组织约束的影响。比如，相较于在更小型或非正式的场合中演奏的音乐，大型商业公司对音乐的大规模生产如何影响其产出的音乐类型？或者，同样对人道主义援助感兴趣的记者、政府官员和非营利援助组织之间的关系模式，如何影响人们对于大规模暴力的看法？我们当中的很多人可能意识不到影响自己意义生成的更宏观的社会关系模式，但文化社会学家已经证明，这些关系模式正在以多种方式有力地塑造着文化的生产。

以上就是文化社会学家研究意义生成过程时所使用的三种不同的视角，分别探究文化形式、互动行为和文化生产机构。这三个视角所提供的分析角度是相互独立但又相互兼容的。当然，文化理论家有时会争论到底哪种视角最好，或者质疑意义生成过程中某个方面的重要性，同时，正如我们即将看到的那样，许多研究往往只会采用其中的某一种视角。不过，由于每种视角都能提供关于文化的独特见解，我们可以而且也应该在研究中将它们有效地结合起来，以获得更全面的图景。

上述框架主要是围绕概念而非研究者搭建起来的，因此，除了本书提到的作者、作品和研究项目之外，也可以将其灵活应用于其他作者、作品和研究项目。同时，这一整体框架也可用于思考不同的主题重点和重要作者，或用于辨识不同学术环境（包括不同的国家背景）中的异同。

这三种路径所共有的关键因素是它们对意义生成过程的研究。这个关注点使文化社会学有别于社会学领域内的其他研究方向。如上所述，文化不仅不能还原为生物层面的东西，也不能还原为社会结构，因此，仅限于关注大型社会结构和社会关系模式（而忽略它们的意义）的社会学分析，与文化社会学家所做的工作是截然不同的。同样，文化社会学研究也不局限于个人，这意味着对于文化社会学者来说，主要聚焦于个体行为或个体过程的分析，如社会心理学研究，甚至是问卷调查中对于个人观点的汇总，都是不够的。相反，文化社会学将文化确立为一个独立的分析层面，既不局限于社会结构，也不局限于个体，因此具有将社会结构与个体主观性联系起来的优势，而这也正是早期伯格和卢克曼提出"现实的社会建构"这一概念时所想达到的目标。

事实证明，文化社会学的基础是牢固的，而且在从社会学视角理解文化的道路上，以上提到的三个方向都取得了丰硕的研究成果（Alexander et al. 2012；Hall et al. 2010）。文化社会学家所创造的一系列新知识令人振奋；本书以下各章将会提供许多实例。

这些关于意义生成过程的新知识之所以重要，有几个原因。首先，既然意义生成对我们每个人都很重要，那么社会学家就应该更多地探索意义，而不是将其搁置一旁。其次，理解社会中普遍共享的意义，有助于我们理解社会群体如何能够凝聚起来，以及复杂的社会组织如何得以形成。再次，深入了解文化差异，有助于我们揭示权力和不平等关系如何得以维系。最后，理解文化冲突，有助于我们深入了解人们当下所面临的一系列最紧迫的社会问题。下文举的几个例子展现了文化社会学近期所取得的一些成就，它们分别聚焦于招聘过程中存在的偏见、健康与老龄化之间的关系、环境问题以及全球化进程。

劳伦·里韦拉（Lauren Rivera）的研究关注的是文化社会学中一个非常重要的分支，即意义生成过程如何影响社会不平等。她考察文化预设（cultural assumptions）是如何决定精英职位的招聘流程的。她的观察和访谈结果表明，雇主在招聘过程中往往会无意地引入某些偏见，因为他们所使用的衡量标准虽然看上去客观，实则会偏向那些背景优越的候选人，使他们获益。在整个招聘过程中，包括资格评定、校园招聘、面试培训、简历筛选、实际面试及招聘委员会的商议，她都发现那些"看似高效中立"的衡量标准和决定，实际上是与候选人的文化背景和"血统"挂钩的。例如，招聘者往往采用一种非正式的"文化契合度"标准，这一标准偏向那些有着优越经历和生活方式的候选人（Rivera 2015，26-27，3）。

年龄与健康这一话题从根本上说似乎属于生物学领域，但科里·艾布拉姆森（Corey Abramson）却探讨了衰老的文化背景。他的观察和访谈揭示出，就像我们之前提到的，年龄阶段是文化的范畴："老年"是一个"具有共同特征、挑战、期望和偏见的文化范畴",它塑造着我们的日常生活(Abramson 2015,10)。但是,文化信仰、动机和策略的差异,也会影响人们如何度过自己的老年生活。比如,有的人认为他们的首要目标是保持身体健康,而另一些人则注重最大限度地享受生活。有些人把来自家人和朋友的帮助理解为一种普遍责任,而另一些人则把这种帮助看作某种具体的交换。同时,一个人所拥有的文化资源对于他能否成功实现自身目标也有重要影响,比如,他是否有能力与医疗机构打交道(Abramson 2015,134,143)。

贾斯汀·法瑞尔(Justin Farrell)研究了另一个第一眼看上去似乎与文化无关的话题:环境。他探讨了有关环境保护议题的意义生成过程及其对环境问题的影响。他深入考察了美国第一个且最具标志性的国家公园即黄石公园周围持续而相互关联的冲突,指出不同利益相关者之间的争端是由他们所笃信的不同"故事引发的,正是这些由社会建构出来的故事赋予了他们生活的意义并引领着他们的生活"——无论这些故事讲述的是粗粝的个人主义奋斗、美国西部传统、土著宗教还是动物的神圣价值。它们共同为由黄石公园引发的环境争端创造了道德和精神背景,然而,文化是如此根深蒂固,以至于身处其中的人往往无法意识到他们成长于斯的道德文化环境对自己的影响,甚至无法对他们的信仰和行为做出合理连贯的解释,这些文化影响总是被"直接视为天经地义的事实本身"（Farrell 2015，14，9）。

再举一个例子，全球化进程听上去总是很宏大，看起来在我们毫不知情的情况下发生，似乎与我们的日常生活离得很远。然而，如果我们聚焦于其中的意义生成过程，我们会发现经济全球化不仅在亲密互动关系中得以彰显，而且在不同的语境中会呈现出不同的意义。金伯利·黄（Hoang 2015）在越南四家女招待酒吧进行观察和访谈，揭示了宏观层面的资本流动与围绕亲密关系和性别展演的非正式经济的趋势之间的紧密联系。例如，在面向越南精英商人的酒吧中，由于这些商人希望通过炫耀性消费和展示"泛亚现代性"来显示越南的经济进步，因此女招待展现出的是奢华感及深受西方影响的审美标准，如更加白皙的皮肤和圆圆的眼睛。相比之下，在主要面向西方人的酒吧中，女招待则会采用比较传统的性别展演，她们肤色较深，画着烟熏眼妆，衣着朴素，通过塑造一种需要援助的充满异域风情的女性形象，来强化西方主导的观念。

通过聚焦于各自研究领域中的仪式、符号、评价、规范和范畴，这些作者为知识界和大众共同关注的话题贡献了重要的新知识。他们从招聘、老年生活、环境冲突和全球化城市等切入日常生活的社会建构，揭示了无所不在的矛盾关系，如共识与冲突、凝聚力与权力之间的二元对立。他们分析了各种文化形式，如招聘公司使用的评估标准，以及人们讲述的有关自然环境的故事；同时，也分析了具体的互动过程，如老年人与医疗服务提供者打交道的不同方式，或越南酒吧中女招待与顾客之间的讨价还价。他们展示了各种机构、组织和领域——从招聘公司到全球金融领域——是如何塑造意义生成的过程的。

结　论

我们如何才能更好地理解文化？我们怎样才能更加深入地了解那些我们从不怀疑的社会常识，让我们感到困惑的文化差异，暗中影响我们的文化权力，以及不时爆发的文化冲突？

我们所能迈出的第一步就是对我们周围的文化保持关注和思考。对生活中出现的仪式、符号、评价、规范和范畴保持敏感，我们就会成为敏锐的观察者，从而发现原本可能会忽略的意义生成过程。同时，我们还需要记住文化概念的历史沿袭。记住在历史上文化这一概念曾被用来标示两种截然不同的现象——一个独立的社会领域，或整个族群所具有的某种特性——这有助于避免不必要的混淆。将文化视为意义生成的过程可以同时涵盖这两种历史谱系，也能涵盖我们在生活中所遇到的意义生成的万千样态。

在此前提下，本书其余各章将通过展现和解释当代文化社会学家为帮助我们更好地理解意义生成而使用的理论工具，对"什么是文化社会学？"这一问题进一步做出解答。文化社会学研究需要怎样的知识和技能？以下每一章都将从不同的角度阐述文化过程，解释帮助我们理解文化的各种概念。在接下来的一章中，我们将探讨文化社会学家如何以及为什么要分析不同的文化形式（cultural forms）。第三章会介绍文化社会学家为研究互动过程中的意义生成而使用的各种方法。在第四章中，我们将讨论宏观层面上大规模、有组织的文化生产过程。之后的第五章将基于此前的讨论为读者提供总结性概述，以文化社会学视角对本书进行批判性评估，介绍文化社会学家之间存在的争论和分歧，并为读者提供有关应用文化社会学概念的建议。纵观全书，我们不仅可以看到文化社会学家在社会学普遍关注的政治经济领域（如社会不平等、身份政治、社会运动和组织等）中做出的精彩贡献，同时也可以看到他们在自己所关注的特殊领域（如艺术、大众文化、宗教和科学等）中取得的成就。

自从伯格和卢克曼在20世纪60年代提出"现实的社会建构"这个概念，社会学在理解何谓"现实的社会建构"方面取得了长足的进步。社会学家立足经典，受惠于跨学科研究潮流的兴起，已经不再将文化概念边缘化，与此同时，文化理论与研究正在蓬勃发展。可以说，当下正是我们进行回顾的好时机，总结我们这些年在研究意义与意义生成方面究竟取得了哪些成就。接下来的一章便是第一步，我们将讨论社会学在文化研究领域中取得的最大创新成果之一：分析文化形式及其在意义生成过程中产生的独立影响。

第二章
以意义为中心

要想从事文化社会学研究,需要掌握什么知识和技能呢?首先,也是最重要的一点,文化社会学家要对符号形式(symbolic forms)进行诠释和分析。如文化社会学家罗宾·瓦格纳-帕西菲奇(Robin Wagner-Pacifici)所言,"只有深入了解文化客体的内在运作机制和逻辑,任何文化社会学研究才能开始追踪这些对象在其所处社会环境中的意义及引起的共鸣"(Wagner-Pacifici 2010, 109)。因此,在探讨互动过程中的意义及意义生成的社会组织之前,我们需要先明确符号形式本身如何成为意义生成过程中的重要影响因素,并具有内在独立的社会学研究价值。本章概述了文化社会学家分析文化形式的主要方法。

1966年,伯格和卢克曼提出"现实的社会建构"(the social construction of reality)这一概念。他们注意到,我们的日常生活是由各种意义(significations)来维系的,这些意义以符号(signs)的形式聚集在不同系统中,我们所接触到的这些系统是一种客观而强大的存在。比如,他们指出,语言可以"迫使我进入它的模式",并"将经验类型化"(Berger and Luckmann 1966,38,39)。而此时的社会学主流研究中还没有出现任何将符号作为文化结构进行独立分析的强有力的理论观点,大多数研究还是会把关注重点放在社会组织、社会化或社会行动方面,忽略其中包含的表意过程。

文化理论家和人类学家克利福德·格尔茨(Clifford Geertz)在《作为文化系统的意识形态》(Ideology as a Cultural System)中注意到了这一盲点,这是他在早期文化社会学家中广为流传的几篇有影响力的文章之一。他在文章中指出,当时的社会科学领域"对符号形成过程只有一点最最基本的概念"。这使得符号的作用被严重低估,而符号,根据伯格和卢克曼的"现实的社会建构"的观点,恰恰是个体社会化与社会关系的结构化模式之间的关键纽带。正如格尔茨接下来所指出的:"……意识形态如何将人们的情感转化为意义,从而使其为社会所利用,这个问题目前并没有得到真正的解答"(Geertz 1973,207)。

就像格尔茨所观察到的那样,社会学家常常将符号视为一目了然且缺乏活力的媒介,不值得独立分析。直到不久之前,他们对生产符号的社会环境的兴趣仍远远大于对符号本身的兴趣。相比之下,往往是那些研究语言和意象的学者更加关注符号本身,探究符号是如何在脱离它们产生其中的互动或结构情境的情况下发挥作用的。例如，他们会注意到，同样的事实，假如放在不同的故事框架如悲剧或者浪漫剧下进行表述，就会为读者呈现出截然不同的意义。或者，他们也会分析那些象征粗犷的男性气质或恭顺的女性气质的形象是如何被创造出来的。

常常被社会学家忽视的"符号形成过程"（processes of symbolic formulation），到底指的是什么呢？法国哲学家和文学评论家罗兰·巴特（Roland Barthes）在《神话》（*Mythologies*）一书中就如何分析符号的力量提供了一些很有意思的例证，这是一部关于大众文化的论文集，最初出版于20世纪50年代。在其中一篇文章中，巴特分析了作为娱乐行业的职业摔跤比赛。对于同样的题材，普通的社会科学研究路径可能会调查摔跤选手如何进行训练，如何与其他选手或观众进行互动，也可能会调查作为娱乐产业的职业摔跤如何受到媒体市场或阶级污名等宏观社会模式的影响。巴特则另辟蹊径，辨析出摔跤比赛中常规呈现的结构性符号，指出职业摔跤比赛更像是一场讲述善、恶、正义、苦难和失败等文化母题的宏大而细致的表演。他的结论来自对摔跤选手一举一动的仔细观察，注意他们如何以夸张而模式化的肢体语言、动作和手势来表达象征意义。在另一个著名的例子中，他分析了一张杂志封面，上面是一个年轻的黑人士兵在行法国军礼。

这张图片简单的表面意思——黑人士兵敬礼——"能指",其实具有明确的法国国民性和军国主义的内涵——"所指"。在这里,能指和所指结合生成了一个神话符号,即进行了所谓的"符号表述"(signification)。这种符号表述,如巴特所言,自然而然地传达出一种看上去再正常不过的信息,即"法国是一个伟大的帝国,她的所有子民,不分肤色,都忠实地在她的旗帜下服务,对那些殖民主义的诽谤者,没有什么比这个黑人效忠所谓的压迫者时表现出的狂热更好的回击了"(Barthes 1972 [1957],115)。在这里,巴特所揭示的正是当年格尔茨呼吁社会学界予以关注的符号形成过程的一个典型例证。他没有像其他人那样视意义的生成为理所当然,而是明确展示了符号如何创造出社会融入的表征并使某种意识形态正常化(Aiello 2006)。

近年来,一部分有兴趣理解和解释意义生成过程的文化社会学家,也把关注点放在研究符号形式如何影响意义的生成,并发现这一路径行之有效。凯伦·塞鲁洛(Cerulo 1998)有关媒体如何报道暴力事件的研究就是一个很好的例证。通过收集和分析有关暴力事件的新闻报道、图像和演说,她发现,假如媒体首先凸显的是受害者的遭遇,那么这一报道所呈现出的故事和其他那些首先讲述施暴者行为的报道所呈现出的故事就会非常不一样,文章叙述的顺序也会影响到其所描述的暴力看起来是非法的还是正当的。也就是说，即便文本传递的基本信息是一致的，通过改变文本语法元素的顺序就可以改变故事的隐含意义。令人惊讶的是，她所采访的记者中很少有人意识到自己在工作中采取的这种模式：对于他们来说，这些都是行业中默认的隐性常识。同样，在她组织的小组访谈中，尽管偶尔会有不同声音，受众大多时候都对新闻报道所隐含的意义解读表示认同。塞鲁洛的研究表明，聚焦于符号的具体形式——在本案例中，这可以简单如词语的排列和顺序——可以帮助我们发现那些常常被忽视掉的影响意义生成的因素。

所以说，与其他社会学研究领域相比，对符号形式的内在特征进行更精确、更细致的分析是文化社会学最独特的贡献。下一小节我们将总结那些对意义生成产生影响的符号形式的内在特征。本章其余部分将概括介绍社会学家分析这些特征的常用方法。

符号形式的常规惯例、结构和物质性

符号形式如何创造（generate）意义？约翰·汤普森（John Thompson）认为，符号有两个经常被人们遗忘的重要特征，即符号约定俗成的属性和符号中存在的结构（Thompson 1990, 139-

143）。后来的理论家又补充了符号表述的第三个重要条件：符号的物质形式。

第一，符号总是约定俗成的，依靠规则、编码或常规惯例（如语法、礼仪标准或颜色编码）来传达意义。当我们需要表达意思或说服别人时，我们往往有意识地采用约定俗成的方式，比如，我们会把警示标志涂成红色而不是绿色，或者使用通用的格式来起草一份商业信函。然而，更有可能出现的情况是，所谓的常规惯例往往是一种共享的、隐性的知识，而不是正式的、显性的知识，就像以英语为母语的人不需要在说每一句话时有意识地采用正确语法；同样，在课堂上如何举止得体，或者在博客文章中要采用何种语气，类似的常识也几乎总是大家一致默认，无须说明的。我们通常只有在常规惯例受到挑战时才会注意到它们。正如我们在第一章中看到的，行为规范是文化的主要构成部分，而指导人们使用符号来传达意义的约定俗成的常规惯例便是其中重要的一种。前文提到，凯伦·塞鲁洛在研究中采访过的记者几乎从没有意识到自己在报道暴力新闻时所采用的文字排序模式，这说明了隐性的常规惯例能够在人们的行为中产生多么重要的影响。也因此，能够识别和分析生产意义的隐性社会常规是文化社会学者一项宝贵的必备技能。

本章中所讨论的以分析文化形式为目的的当代社会学方法，

可以帮助我们发现那些原本隐藏起来的、为符号对象提供意义的常规惯例，并使它们的作用明晰化。首先是对认知范畴（cognitive categories）的分析。然后是对类别或群体间的符号边界（symbolic boundaries）的关注，这对于那些聚焦于不平等问题的社会学家尤为有效。无论是认知范畴还是符号边界，都是组成更为复杂的社会图式（schemas）或框架（frames）的要素，而正是这些图式和框架塑造了人们对世界的共同认知。现代理性社会所确立的各种范畴之间的评价关系，作为价值评估（valuation）与通约（commensuration）的过程，也被认为是社会学研究的一个重要领域。所有这些概念都有助于我们辨识出在常见的社会—心理过程中产生的符号形式和意义生成，并为我们了解文化的常规与惯例提供有益的启示。

创生意义的符号的第二个特点是结构化，符号体系是"由具有相互决定关系的元素组成的"（Thompson 1990，141），这种结构化关系对于意义的生成至关重要。比如，"我"这个代词其实是凭借与"你"和"我们"等其他代词之间隐含的语法关系而获得意义的：意义是在语法结构关系中产生的。就像塞鲁洛的研究告诉我们的那样，即使基本事实相同，根据故事讲述顺序的不同，有关暴力事件的新闻报道也可以呈现出非常不一样的解读。故事中不同的顺序结构可以产生不同的意义，即便这些故事包含的所有元素都相同。比起之前讲到的常规惯例，符号元素之间的结构关系几乎总是以一种隐性知识的形式出现，在日常生活中人们更难察觉它们的存在。然而，如前所述，它们对意义生成产生的影响是不容置疑的。因此，识别和分析符号元素的结构化模式，也是从事文化社会学研究的一项宝贵技能。

当代文化社会学已经为分析符号体系的结构化模式提供了不少概念工具。比起符号所遵循的常规惯例，这些方法更在意文化元素间存在的"决定关系"。其中包括对话语（discourse）和话语场域（discursive fields）的关注，话语和话语场域能够为我们揭示意义生成模式中存在的边界设定，即在某种特定情况下，什么内容可以言说和讨论，什么内容不可以。在各种话语中，我们还可以进一步关注二元编码（binary codes），二元编码有助于我们分析基本的概念对比（成对概念），如何为群体或社会成员之间的交流提供一种普遍相通却很少被察觉的语法规则。再有就是对叙事（narrative）模式的关注，即探究故事中的不同事件是如何被联系起来的，人物身份是如何随着时间的推移被理解的，以及那些看上去自然而然的桥段安排是如何左右人们对故事情节的解读的。同样，还有对体裁（genre）的关注，重点在于文化客体（cultural objects）的类型，如音乐、战争纪念碑或演说等，研究它们在形式上如何相互区分，以及这种形式区分所具有的社会意义。

第三，符号总是直接或间接依赖其物质形式，而物质形式也影响着意义生成的可能性。意义依物质形式凝固下来，物质形式的持久性和流通性则进一步影响到行动者接受所传递意义的难易程度。同时，文化客体的意义也会随着其物质形式的改变而发生意想不到的变化。所以，认识和分析物质形式如何维持或改变意义生成，是从事文化社会学研究必备的第三项宝贵技能。当然，文化社会学目前存在的概念工具，既可以研究符号的物质性（materiality）如何以无形的方式影响意义的生成，也可以分析某种特定的物质形式，比如标志性形象（icons）[7]，如何凭借其美学力量引发有意识的、往往非常强烈的认同感。可以说，某些物质载体的标志性力量（iconic power）在很大程度上来自其表面所呈现的美学效果。

以上概述表明，在分析文化形式及其社会意义时，有些学者选择立足符号约定俗成的特性，有时还会将符号的常规惯例与心理过程结合起来考虑。有些学者选择深入研究一类更为特殊且作用更大的常规惯例，即社会中普遍共享的结构性符号体系。还有

---

[7] Icons 作为单独概念出现时，我选择将其译为"标志性形象"，泛指具有美学力量和标志性影响力的载体，包括人和事物，但依据语境变化，也会采用如"偶像""经典""崇拜对象"等不同译法，相对来说，iconicity 指代其特定属性，因而翻译更加直接一些，即标志性。——译者

些学者则着眼于那些左右意义生成过程的符号的物质载体（物质形式）。尽管这几种分析工具的思想渊源不尽相同，且在某种程度上分别根植于有关什么才是正确的文化分析的不同理论假设，但在应用于考察各种社会议题的过程中，它们都呈现了富于启发的理论灵活性，并帮助研究者生产出一批文化社会学领域中最有代表性和创新性的研究成果。在大多数情况下，这些深入研究符号形式的不同路径其实是相互兼容的，学者们往往会以各自的方式对它们进行结合应用。与其他社会学方法相比，这种对符号本身的深度分析也是文化社会学的最大特色。相对来说，以上所有分析方法与文化社会学家有可能采用的其他视角方法最大的不同在于，它们均以意义的生成并非天经地义为其理论前提，因此专注于研究符号载体创造意义的机理。

认知范畴与符号边界

心理学家和神经科学家的研究表明，以学习、记忆、感知和注意力为代表的认知过程是我们作为人类的根本能力。所有这些过程都依赖范畴（categories）与分类（classification）的概念，如社会学奠基人埃米尔·涂尔干所言，分类行为在本质上说是一个社会过程。根据涂尔干（Durkheim 1995 [1912]）的观点，我们在社会环境中感知、评价和采取行动的能力，乃至于我们在时间和空间中定位自己的方式，都源自我们在社会群体中的经验。因此，认知范畴（cognitive categories）是我们进行文化分析的基本概念工具之一。

社会学分析认知范畴的经典范例之一来自涂尔干，他曾就宗教概念提出自己的重要论断，即宗教的构筑来自"神圣"（sacred）和"凡俗"（profane）这一对相辅相成、彼此界定的概念（Durkheim 1995 [1912], 34）。另一个著名的范例来自社会学家玛丽·道格拉斯（Mary Douglas）对于"污秽"（dirt）这一认知范畴的分析，她指出，归于"污秽"的事物之所以被人们如此认知，是因为它们"没有出现在本应出现的地方……也就是说，它们是人们意识中对事物进行分类和排序的体系的产物，这个认知体系总是倾向于排斥那些不容易归类的元素"（Douglas 1966, 35）。在文化社会学兴起之初，社会心理学家巴里·施瓦茨（Barry Schwartz）延续了这一分析传统，他在研究中探讨了垂直分类的语汇（如上／下等）在众多社会群体中如何以及为何与声望和价值评估（如上层阶级／下层阶级等）相关联。根据他的解释，这些广泛存在的认知范畴源于人们在儿童期将自己与成年人进行比较的共同经验（Schwartz 1981, 109）。

一部分研究认知范畴的学者倾向于把关注点放在人类分类

能力的一般社会心理学和神经科学基础上（Adolphs 2009；另见 DiMaggio 2002）。采用这一研究思路的社会学家，更加关注人们共享的认知范畴在共同实践过程中的实际基础，如施瓦茨有关垂直分类的论述（另见 Lizardo 2012）。另一部分学者也探讨认知行为的普遍过程，但他们较少关心认知行为的社会心理学基础，而是更多关注人类分类能力在意义创造过程中实际发挥作用的不同方式（Cerulo 2002）。比如说，伊维塔·泽鲁巴维尔（Eviatar Zerubavel）探讨了生活中出现的认知范畴时而被强调、时而被模糊、时而被凸显、时而被悬置的种种情况，以及同一认知范畴如何在不同时间、地点和社会环境中呈现出截然不同的运作方式。他认为，要想真正了解认知范畴，我们必须在研究中超越单纯的个体心理范式，而更多地审视认知范畴运作其中的周边社会环境（Zerubavel 1991，1997；Zerubavel and Smith 2010）。由此可见，认知并不只是存在于我们的头脑之中，而是分布在彼此关联的群体成员的网络中（Norton 2018a）。而文化社会学对常规认知范畴在社会中呈现出的各种形态（包括其内容和运作模式）的揭示，也有助于解决认知心理学中的重要问题（Lamont et al. 2017）。

所以，文化社会学家常常会研究和比较那些尽管应用了共享认知范畴但实质上却不尽相同的社会习俗（Brekhus 2015）。例如，虽然我们都会经历时间的流逝，但不同社会对时间的衡量和标识却大相径庭（Zerubavel 1981）。在现代生活中，我们经常使用却很少反思的一组范畴是"家庭"（home）和"工作"（work），尽管在前现代社会中往往不是这种情况。克里斯蒂娜·尼伯特－恩格（Nippert-Eng 1996）的研究展示了人们如何在实践中定义这一范畴：比如，他们是更倾向于将工作与家庭生活混同起来，还是将两者严格区分开来，而这之后的研究则更进一步关注工作对家庭生活的"溢出效应"（spillover）及家庭生活对工作的"溢出效应"如何影响到人们的生活质量。

在第一章中我们曾提到，一些在生物层面上看似再自然不过的日常应用范畴——如童年、青春期、成年和老年等——对于处在不同时期的不同社会群体却有着截然不同的意义。最近，文化社会学家一直在探索认知范畴如何以其他方式对当代生命历程产生重要影响。例如，杰米·穆兰尼（Mullaney 2001）提出，人们的身份认同往往是围绕某种被摒弃的行为而消极地建构起来的，她以"处女"——"从未有过某种经历的身份"——这一范畴为例，揭示出这一身份其实是在社会互动和自我叙事过程中基于社会道德准则而做出的主动选择。同样，托马斯·德格洛马（DeGloma 2014）指出，在关于个人发展和变化的自传体故事，即所谓"觉醒"（awakening）故事中，往往会出现"之前"和"之后"这对范畴，而这对范畴总是会把讲述者的生活截然划分成形成鲜明对比的两个阶段。

30　　常规认知范畴塑造了我们对公共领域和个人生活的认识和理解。事实上，即便是"公共"领域与"私人"领域这对生活中随处可见的范畴，也是由社会建构出来，并处于持续不断的变化和争议之中（例如，Nippert-Eng 2010；Okin 1989）。同时，文化社会学家已经证明，常规认知范畴在当代公共生活中，特别是在经济和政治领域，正在以多种方式发挥着重要作用。

　　比如，在经济生活中，社会学家瓦尼娜·莱施齐纳（Vanina Leschziner）向人们展示了，餐饮业中有关食物和菜系（烹饪风格）的分类，是如何将"厨房中的创造力与市场上的声誉"进行绑定的。她总结道，"在任何文化事业和经济市场中，范畴和分类都至关重要，因为它们直接影响到创作者如何理解自己的作品、评判者如何评估作品，以及消费者如何看待作品"（Leschziner 2015，49，50）。笔者在自己的著作中也揭示了企业如何在行业协会中进行合作，"阐明、系统化及推广认知范畴……为面临不确定性的企业提供模板"，灌溉协会所划分的"农业用""草坪/景观用"等范畴就是一个有代表性的例子（Spillman 2012b，118-119）。正如我们在第一章中所见，各行业跨越市场范畴时往往会受到相应制裁（Hsu et al. 2009；Zuckerman 2004）。

　　同样，在政治领域，常规认知范畴也以相似的方式发挥着作用：比如，当我们看到国家之间的不同时，我们往往会用所谓的国民性标签对这种差异进行解读；美国人口普查中列出的选项反映的正是美国社会有关种族的特定归类模式（Mora 2014）；与此同时，尽管人们具体的政策偏好可能颇为复杂多样，但谈及政治忠诚时，人们往往会以政党这样的总体性概念来彼此区分（Kreiss 2018）。

由于认知范畴通常是以隐性知识的形式（如约定俗成的做法）发挥作用的，所以它们往往被人们视为理所当然，也正是这种特性赋予了它们巨大的力量。例如，文化社会学家皮埃尔·布尔迪厄（Bourdieu 1991）就曾指出，那些被盖上"官方认证"（official naming）印章的对象，如获得了头衔和资格，就会被赋予相当的象征性权力。也许正因如此，基于认知范畴的象征性权力也成为诸多社会论战的中心议题。向那些"被视为天经地义"（naturalized）的认知范畴发起挑战，往往会引发更为重大的政治挑战。而这种挑战也正是种族与族群社会学的根基所在：种族形成理论和对种族主义的批判乃基于这一点，即我们必须认识到种族和族群范畴所隐含的权力关系及其约定俗成的特质（Lamont 1999；Omi and Winant 1994）。同样，对所谓天经地义的认知范畴的批判，也是性别社会学（sociology of gender）（如 Epstein 1988，2007）及最近发展起来的性社会学（sociology of sexuality）

（如 Brekhus 2003；Waidzunas 2015）领域中诸多理论发展的核心基础。与此同时，围绕国籍、公民身份和移民问题而产生的文化冲突与社会运动，究其原因也都与这些范畴概念所隐含的意义有关。在文化冲突或社会运动中，这些约定俗成的意义或被凸显出来，或被悬置起来。即便是官方人口普查中所使用的分类方式，比如玛拉·拉夫曼（Mara Loveman）及其合作者在巴西人口普查中观察到的用以确认种族的归类方法（Loveman et al. 2012），再比如 G. 克里斯蒂娜·莫拉和迈克尔·罗德里格斯－穆尼兹（Mora and Rodríguez-Muñiz 2017）在美国人口普查中观察到的种族归类方法，也会直接或间接地影响到政府如何在人们的生活中行使权力。正因为如此，上述这些普查都在受访者，特别是那些认为自己的权益受到损害的受访者中引发了批判和反击行动。事实上，为数不少的社会运动都包含对传统认知范畴发起的公开挑战。

所有研究认知范畴的社会学家都知道，只要涉及基于传统认知范畴的意义生成，就一定会谈到边界的设定：如青少年与成人、家庭与工作、"公民"与"外国人"等范畴之间的界限，或者如莱施齐纳在高端餐饮业中观察到的经典与现代或中东与新美式之间的界限（Leschziner 2015，53，57）。所有这些研究都从各自的视角审视了在历史沿袭和互动过程中，确立传统认知范畴的符号边界是如何被划定、改变，以及偶尔受到挑战的。这也是认知范畴在意义生成过程中发挥重要影响的另一面。

社会学家米歇尔·拉蒙（Michèle Lamont）特别关注符号边界问题，在一系列颇具影响的比较研究中，她探讨了不同社会群体如何建立、标记和评估社会地位的差异。例如，在扩展布尔迪厄有关文化区隔的研究成果的基础上，她发现身处中上阶层的男性在评价他人时会划定三种符号边界——道德边界、社会经济边界和文化边界，但在具体划分方法上不同男性群体则显示出相异的标准：比如，对于美国男性来说，社会经济边界远比文化边界更重要，而在法国情况则恰恰相反（Lamont 1992）。不过，这并不意味着布尔迪厄所强调的文化边界不适用于美国，相反，它在美国社会中也发挥着重要作用：例如，贝瑟尼·布莱森（Bryson 1996）就发现，受过良好教育的美国人大多无法认同那些受教育程度较低的人的音乐品味，所以他们会爱"除了重金属以外的任何音乐风格"。对以符号边界确立社会地位的现象的研究已经有所扩展，例如，考察了工薪阶层边界的确立（Lamont 2000）。这类研究也为理解社会中常见的污名化和歧视（特别是针对少数族裔群体）的过程，提供了新的具有比较意义的洞见（Lamont et al. 2016）。

与此同时，有关符号边界的研究已超越阶级、性别、种族地位及污名化等议题，而涉足全新的领域和问题（Lamont and Molnar 2002）。例如，社会学家开始思索科学与非科学领域之间的界限问题（Gieryn 1983；Panofsky 2014），以及划分不同形式的科学领域的符号边界（Gauchat and Andrews 2018）。再比如，汤姆·韦兹纳斯（Waidzunas 2015）聚焦于性类别之间的界限，探讨了社会运动的"划界工作"（boundary work）以及区分"科学"和不甚光彩的"伪科学"的科学论战是如何向这种边界发起挑战的。

图式、框架、评估和通约

除了认知范畴与符号边界，文化社会学家也会研究由多种范畴和边界组成的复杂的符号集合体，即符号形式。这种升级是必要的，因为现实环境中的意义生成往往是多种范畴和边界交叉作用的结果。许多社会学家将这些更为复杂的符号形式定义为图式（schemas），其中可能"不仅包括……构成特定社会基本思维工具的二元对立符码体系（array），而且包括基于此类基本工具而建构起来的各种常规惯例、文化脚本、场景、行为原则以及言语和手势习惯等等"（Sewell 1992，8）。图式是"一种独特而紧密关联的诠释性要素模式，[这种模式]只需要极少的信息输入便能激活……（它往往会给出）比较常见的、有条理且不易忘怀的诠释版本"（D'Andrade 1992，29）。因此，图式是一种用来理解常见社会环境和问题的模板，但也可以被积极移用于新的环境和问题。图式既可以单纯地由社会中根深蒂固的认知范畴和符号边界组成，如"女性与男性、自然与文化、私与公"，也可以是更为复杂的社会生活模板，如"礼仪规则，或审美规范，或诸如皇室巡游等群体行动模式，……或民主选举"（Sewell 1992，8）。

举个例子，玛丽·布莱尔－洛伊（Mary Blair-Loy）考察了一个常见的社会问题，即工作与家庭责任之间的冲突，她视之为两种文化图式之间的冲突。在她看来，图式是"我们用来理解世界的共享文化模型"，能够在我们心中"唤起强烈的道德和情感承诺"（Blair-Loy 2003，3）。她比较了"家庭奉献图式"和"工作奉献图式"的异同，指出：除了具有性别特征之外，这两种图式对什么是有意义的生活及什么能够给予我们更丰厚的回报，也分别给出了不同的解答。由此可见，这些图式是由各种不同范畴和边界彼此联结建构起来的。布莱尔－洛伊的研究同时还表明，这些图式具有规范性效力：即使女性财务高管的薪资非常高，从经济合理性的角度来看，她们的男性伴侣应该承担更多的家庭责任，但许多夫妻仍发现很难违背这些共享的规范性图式，甚至有些夫妻压根就没有考虑过要这么做。

许多社会学家也会用"框架"（frames）概念来考虑图式，这个概念最初是由欧文·戈夫曼（Goffman 2010 [1974]）引入社会学

第二章　以意义为中心　051

的。近年来，有些文化社会学家建议，我们应将"图式"概念保留给个体的相对简单而存在于无意识层面的文化形式（如上文提到的"上"和"下"这类认知范畴），而"框架"概念可以更多地用来指代社会共享的符号形式（Wood et al. 2018）。专门研究社会运动的学者尤为推崇框架分析（Snow et al. 2014），因为他们发现用这个概念来分析可能引发政治挑战的文化形式格外有效。当社会运动的发起者采用某种框架时，他们通常（尽管并不总是如此）会深思熟虑，有策略地选择如何在公共领域呈现他们的议题，从而达到激励支持者并说服公众的目的。举个例子，迪安娜·罗林格（Deanna Rohlinger）在她有关美国堕胎政治的研究中指出，"总的来说，如何以一种符合组织目标的方式框定一个议题，是一个团体必须面对的持续挑战"（Rohlinger 2015，8-9）。同样，韦兹纳斯（Waidzunas 2015）研究了两种完全对立的社会运动——去同性恋运动（ex-gay）和为同性恋者争取权益的运动——前者试图在男同性恋群体中推广所谓"性向修复疗法"（reparative therapy），后者则反其道而行之，以挑战这种所谓疗法的科学正当性为己任。韦兹纳斯（Waidzunas 2015）的研究不仅展示了框架和反框架（counterframing）的应用如何共同塑造对立团体各自的信息传达内容与基调，同时还指出了运动内部的框架争论。在以上例子中，框架这一概念所隐含的意识要素和策略要素，似乎是图式概念所没有的。然而，需要注意的是，复杂的符号形式——由简单的范畴和边界组成的复合体——并不都是以这种方式刻意建构的，有时它们运作起来更接近于一种共通语言，而行动者与其说在有意识地构筑框架，不如说更像是置身广泛的语言背景下。

除了社会运动，文化社会学家还把许多其他公共文化形式当作"框架"来研究。例如，罗德尼·本森（Benson 2013）分析了近四十年来法国与美国媒体围绕移民问题所做的新闻报道，发现了大约十种至今仍很容易识别且持续存在的报道框架。其中六种框架是正面的，即移民是全球化经济、人道主义危机或仇外心理的受害者，同时也是促进文化多样性、加强社会融合和从事有益工作的英雄。另外四种框架则渲染了移民在某些领域对社会构成的威胁，分别为就业领域、公共秩序、公共服务支出及国家凝聚力。与此同时，他的研究还发现，美国媒体总体上更倾向于强调"个人主义、市场导向的框架"，比如前面提到的移民在就业领域和公共支出方面构成威胁，以及将移民描绘为优秀的劳动力；法国媒体则更倾向于强调"公民团结"的框架，如前面提到的移民对国家凝聚力构成威胁。本森在文章中分析的这些框架构成了人们习以为常并在社会中广为应用的符号形式，而正是这些符号形式促使人们形成"选择性认知"（selective perception）（Benson 2013, 19, 4）。

图式和框架有时会以一种看似相当中立的方式，概括和呈现我们认知世界的形式。从这个意义上说，在共享这些文化形式的群体中，群体成员几乎不太可能以跳出群体的方式看待事物，或以与众不同的方式进行交流。然而，社会学家尤其感兴趣的是，图式和框架还以何种方式表达并强化了价值判断，并从批判的视角审视图式和框架所隐含的意识形态信息。不少对评估／评价感兴趣的社会学家，聚焦于图式和框架所包含的范畴和边界组合如何表达社会中常见的价值判断和等级划分。正如拉蒙（Lamont 2012）所指出的那样，评估（valuation）和评价（evaluation）行为均依赖于归类（categorization）过程和正当化（legitimation）过程，而这两种过程正是文化社会学关注的核心问题。围绕这类文化过程的一系列比较研究分别向我们展示出：不同的从属（subordinate）群体经历污名化的过程如何各不相同（Lamont et al. 2016），对环境问题如何以相异的标准进行评估（Espeland 1998；Fourcade 2011），以及经济交换如何以多种方式运作（Zelizer 1983）。卢克·波尔坦斯基和劳伦·泰弗诺（Boltanski and Thévenot 2006 [1991]）合作的有关评价的理论著作非常有影响力，他们在书中提到了六种截然不同的评价原则，其中包括工业逻辑（生产力原则）、家庭逻辑（人际关系原则）和公民社会逻辑（集体团结原则）。根据所使用的原则（图式或框架）的不同，人们对同一种对象的评价可能大相径庭。

评价体系的意义生成过程通常是隐性和非正式的，也因此更加有效。这意味着，当我们使用某些评价图式和框架时，我们可能根本没有意识到自己正在对别人进行评判甚至强加污名。然而，在现代生活中，评价过程往往会变得更加明确，变身为无处不在、影响深远的评级和排名体系。通约（commensuration），即有意识地利用通用度量标准来呈现和评估不同的单位，能够将原本复杂的质性差异转变为量化关系（Espeland and Stevens 1998）。像畅销书榜单、大学排名以及标准化测试这类通约过程，它们的复杂程度不尽相同，但都涉及相对繁复的模式化意义生成过程，包括定义和创建可供直接比较的范畴和边界。这类通约过程通常还会影响到后续行为（如"应试教育"），并逐步确立自己的权威性和正当性，尽管大家都知道评级和排名往往并不能真正体现质的差异（Espeland and Stevens 2008；另见 Berman and Hirschman 2018；Fourcade 2016）。

通过分析图式、框架、评估和通约过程，文化社会学家能够观察到由各种认知范畴和符号边界组合而成的更为复杂的符号形式。这些概念拓展并加深了我们对社会常规惯例的理解，而常规惯例正是意义的重要来源之一。

话语场域、二元编码、叙事和体裁

分析符号形式的另一种重要思路就是关注其内部结构。符号形式不仅仅由常规惯例组成，如汤普森所言，其中的结构对于意义生成也至关重要。这些结构体现了文化的突生（emergent）属性。如果我们只把符号形式看作常规惯例，而忽略它们的结构性，那么不同种类的文化惯例，如边界、图式、框架和标志性形象（icons），在社会中的实际应用和传播看上去就似乎只是某种随机现象，毫无规律可循，这也让我们很难理解文化的长期持久性和推动文化变迁的结构性压力（Norton 2014b）。

文化结构由"具有相互决定关系的要素组成"，因此在分析符号形式的结构时，我们需要"分析具体要素及其相互关系"(Thompson 1990, 141)。正如语言学家费迪南·德·索绪尔（Saussure 1990 [1916]）区分出语言（language，作为一种普遍体系）和言语（speech，作为体系中的特殊实例），许多文化社会学家通过分析特定话语中符号元素之间的关系来说明它们如何例示（instantiate）更为广泛的文化模式，即文化"语言"，从而帮助我们理解发生于不同社会环境中的意义生成。正如社会学家杰弗里·亚历山大（Jeffrey Alexander）和菲利普·史密斯（Philip Smith）在一个关于文化结构的社会学意义的有影响力的论断中所指出的，"当符号相互关联时，它们就构成了一种非物质性结构。而这种组织结构对行动所发挥的规范性作用，完全不亚于那些更为可见的物质性结构"（Alexander and Smith 1993，156）。

在最普遍的层面上，对文化结构感兴趣的社会学家首先会研究话语或话语场域。话语是一种复杂的文化形式，涵盖了围绕某一特定话题的所有形式的意义表达："话语由成套的符号组织而成"（Alexander and Smith 1993，157）。话语不仅包括各种语言形式，如对话、叙事、演说、时事通讯、官方报告、新闻报道等，还包括图像（images）、仪式和纪念碑等非语言元素。有时，话语分析关注的是围绕某一观点而形成的单一文化脉络。比如，露丝·布劳恩斯坦（Braunstein 2018）分析了一种在美国历史中清晰可见的基督教民族主义和宗教排外的话语，发现这些话语往往被她在其他领域看到的有关自由和包容的更加"文明"（civic）的话语所掩盖。

不过，社会学家更常做的是，关注更加广阔的意义生成空间，也就是话语场域，它涵盖了针对某一话题而形成的不同视角。话语场域指的是"框定话语的空间或领域"（Wuthnow 1989，555）。它们是一种文化结构，在这种结构中，各种可能相互冲突的观点都得以言说和表达。重要的是，话语场域还为特定语境中的意义生成设定了限制（Spillman 1995），使得宏观社会语境的力量渗入较小范围内的互动过程。举例来说,如果人们要表达与国家认同相关的主张,往往可以通过很多不同的方式和渠道,一些常见的表达认同的象征包括政治标识、历史事件、国土或宗教等。但我们必须意识到的是,这些符号形式之所以能够成为国家认同的象征,正是因为它们与构建国家认同的话语领域息息相关。也就是说,它们必须能够体现出某种足以超越国家人口内部差异的普遍特质,或者必须能够清晰有力地表达出本国与其他国家之间的关系(Spillman 1997,136-150)。关于国家认同,社会中可能存在各种各样的观点和主张,其中不乏矛盾和冲突,而且话语场域的主题也会随着时间和群体背景的不同而发生变化。但是,假如一个符号不能支持(上面所提到的)有关国家内部共性或世界地位的主张,那么它无论如何都不可能成为国家认同的象征。也就是说,话语场域严格限制意义生成的可能性。在19世纪,还有一部分美国人和澳大利亚人声称他们拥有共同的"盎格鲁"血统传承,时过境迁,这种血统传承的说辞(日本人可能还在这么做)在当代社会听起来就像是一个语法错误。当然,还有很多其他类似的主张,比如传说中澳大利亚人与土地之间的特殊纽带,也完全是一种想象。时至今日,在讨论澳大利亚或美国的国家认同的核心特征时,任何有关共同血统传承的说法都是"不合语法的"(ungrammatical),因为它已经无法支撑有关超越社会差异的国家内部共性的主张（Spillman 1997）。

关注话语场域的社会学家已经开始研究当前社会面临的许多重大问题，他们探究那些在历史上持续存在的大规模意义生成过程，并聚焦于框定这些意义产生的话语框架（这些框架本身涵盖了众多观点，并以大量语言类和非语言类符号形式为基础），从而进一步加深了我们对于这些问题的理解。例如，罗纳德·雅各布斯和埃莉诺·汤斯利（Jacobs and Townsley 2011）分析并解释了一个独特的话语领域——"意见空间"（the space of opinion）。根据他们的研究，该空间主要由政治专栏作家和电视嘉宾构成，其自身的文化逻辑和历史完全有别于新闻和政治等传统相关领域。他们深入探讨了意见空间的历史沿革、空间参与者以及常见的模板和修辞，指出该空间已经成为美国公共领域和民主政治制度的重要组成部分，但尚未得到学界的足够重视。随着社交媒体的影响日益扩大，他们的调查无疑为探讨意见空间的持续变化打下了有意义的基础。

有些话语场域可能是跨越国界的。例如，约翰·霍尔（Hall 2016）的研究分析了与全球气候变化相关的话语场域，展示出人们对气候变化的不同反应如何根植于他们对未来的不同解读。再举一个例子，社会学家约阿希姆·萨维尔斯伯格（Savelsberg 2015）考察了各种跨国专业群体如何理解 21 世纪初在非洲达尔富尔地区发生的大规模暴力和侵犯人权事件。他发现：国际法律师倾向于将暴力和侵犯人权行为归结为有关罪行与正义的法律问题；国际援助组织则倾向于将其解读为人道主义灾难（从而淡化责任归属问题）；同样，外交官群体倾向于悬置法律正义问题，而首先关注如何在该地区实现实质性和平。所有这些不同的解读框架，再加上媒体的报道，共同构成了以达尔富尔暴行问题为中心的话语场域。当然，值得我们注意的是，尽管其中存在着多种多样的解读框架，这一话语场域的结构始终排斥暴力合法化解读的可能性（塞鲁洛 [Cerulo 1998] 在研究中发现某些媒体报道显示出对暴力事件的合法化解读）。

话语分析的重点一般是反复出现的主题（themes）、话题（topics）或解读方式，当这些主题、话题或解读方式相互关联，它们便共同构成了一系列理解（及辩论）的方式，借助这些方式，一个共同关注的问题能够在不同的社会背景下得到解读。而具体到话语场域之内，某些特定的主题可以被视为图式（如布莱尔-洛伊关于工作与生活平衡的研究发现）或框架（如萨维尔斯伯格对围绕达尔富尔危机形成的不同观点的划分）来进行分析。除了这种相对松散的研究方法，文化社会学家还提供了一种在技术上更加精确的方法来分析话语场域。这种方法受到涂尔干有关宗教的经典论述的启发，即神圣与凡俗之间的二元对立构成了宗教（无论各种宗教会将多少事物标记为神圣或凡俗）。今天社会学领域中许多专注于话语分析的学者正是从涂尔干的经典论述中汲取了灵感，他们寻找并聚焦于那些频繁出现的二元编码，正是这些二元编码构成了话语场域中意义生成的结构基础。这些编码是一系列简单的分类对立，它们共同提供了意义生成的工具。

在基于二元编码的话语分析中，最著名的研究之一恐怕要数亚历山大和史密斯（Alexander and Smith 1993）所做的有关美国社会政治话语的分析。他们发现，美国政治生活中的各种诉求是建立在由一系列对立符号组成的"民主／反民主编码"（democratic/counter-democratic code）之上的。例如，政治机构或组织可能会被贴上这样或那样的标签，它们是公开透明的还是私下运作的，是基于规章制度的还是任意而为的，是包容性强的还是排斥异己的，等等。同样，社会关系也可能被贴上或公开或隐秘、或诚实或欺骗等一系列标签。与此同时，身处其中的人们也可以被描述为主动的或被动的、理智的或歇斯底里的、现实的或不现实的等等。在波云诡谲的政治活动中，为增强政治诉求的说服力，所有的参与者、社会关系和组织机构都会不断被贴上（并重新贴上）类似的标签。亚历山大和史密斯发现，这种文化"语法"在政治辩论中也发挥着同样的作用，被辩论双方的政治家娴熟使用。甚至在更早期的政治活动中，比如我们现在不太容易理解的19世纪早期的政治辩论中，都能找到这种文化"语法"（grammar）的痕迹。接下来的研究证明，无论是在竞选活动中（Alexander 2010；Norton 2018b），还是在各种呼吁政治包容性的重要社会运动中——包括女权运动和民权运动（Alexander 2006），民主/反民主二元编码都是其政治诉求的建构基础。当然，聚焦于二元编码结构，并不意味着研究者可以忽视创造性行动和组织资源对于政治诉求表达的结果的影响，相反，他们认为这些因素至关重要。但无论如何，由这些具有基础性和持久性的二元编码建构起来的话语，是美国政治的根本条件。对二元编码感兴趣的文化社会学家已经放眼于美国社会以外的地区，如拉丁美洲和东亚社会，旨在比较不同社会间政治语言的异同（Alexander and Tognato 2018；Alexander et al. 2019a，2019b）。例如，李熙贞（Lee 2018）的一项研究聚焦于近年来韩国围绕身份证改革问题展开的全国性辩论，她发现辩论中出现的各种声音其实可以归纳为两种诉求，一种基于民主编码，而另一种则基于崇尚效率、生产力和便利性等的发展编码（developmental code）。

有时，人们会错误地认为，针对政治诉求中出现的二元编码的话语结构分析是在默示政治共识，似乎一个群体的所有成员都持有相同的政治观点。事实远非如此。像公民社会（civil society）二元编码这样的话语结构所构成的并不是共识，而是从截然不同的观点出发提出可以被理解的政治诉求的可能性。冲突与共识只有在共享的话语场域中才有可能存在。因此，公民社会二元编码的对立面并不是冲突，而是那些不切题的（irrelevant）或没有人能够理解的诉求。

这种"结构主义诠释学"，即探究由二元编码构成的话语场域的语法结构，以取得更深入和普遍的理解，也被用于分析有关其他各种主题的意义生成过程。例如，克劳斯·韦伯、凯瑟琳·海因茨和迈克尔拉·德苏西（Weber, Heinze and DeSoucey 2008）的研究，展示了环保积极分子与生产商如何通过调动一系列与本真性（纯正的／人为操纵的、诚实的／欺诈的、关联的／脱节的等）、可持续性（可持续的／不计后果的等）和自然（天然的／人造的等）有关的二元编码，创造出草饲牛肉和有机乳制品的新市场。另一项研究则试图回答一个完全不同的问题：怎么才能解释在撒哈拉以南非洲地区出现的安全套利用率低的现象？伊多·塔沃里和安·斯威德勒（Tavory and Swidler 2009）的研究发现，造成人们对使用安全套预防艾滋病的健康益处认识不足的重要因素之一，是这个地区文化中盛行的一套有关受保护的性行为的特定符号结构（semiotics），涉及在亲密关系中信任与不信任的问题，也涉及在当地人心目中究竟是安全套风险更大还是艾滋病风险更大。

二元编码分析的重点是辨析出创造意义的基本分类对立（categorical oppositions）。在现实世界中，编码的应用可能时常发生变化，例如，一个政治家可能在不同时期被不同的人贴上理性或非理性的标签，但作为文化结构，二元编码始终是静态的。事实上，二元编码的固定性正是它的重要特征之一，正是这种固定性使研究者能够对许多不同的意义生成过程进行归纳。相比之下，用于分析话语的第二套概念（同样在技术上更加精确）则借鉴了叙事（narrative）理论，帮助我们分析故事随时间的推移而呈现出不同的结构化方式。

叙事形式（narrative forms）为描述时间进程提供了框架，捕捉到行动在关联事件中展开的方式，讲述了由开头、中间和结尾组成的有关行动的故事。叙事形式给人物贴上英雄或反英雄的标签，并将他们的行为纳入悲剧、喜剧或浪漫剧等常见模板。叙事者往往会选取可能无甚相关的个人事件或集体事件及特征，将这些事件和特征编排进篇幅更长的故事中，以便赋予这些事件和特征意义。叙事的意义便来自这个结构化过程（structuration），即在不同行为和事件之间建立的联系纽带。

文化社会学家已经证明，叙事形式的重要性并不仅限于小说、最新畅销书或热门电影。在现实世界中，人们在构建身份认同和理解事件时，往往会依赖叙事形式来赋予意义，而不同的叙事版本很可能在话语场域中形成竞争（Polletta et al. 2011）。例如，学者罗纳德·雅各布斯（Jacobs 1996）在一项后来被证实非常有前瞻性的研究中，展示了主流新闻媒体和非洲裔美国人新闻媒体如何报道当年发生的一起警察殴打黑人驾车者事件。研究者发现，尽管主流媒体和非洲裔美国人媒体都对这一事件及其后果做了悲剧性和浪漫主义的叙述，但他们各自讲述的故事情节和主人公却大相径庭：在主流媒体中，主张推进警察改革的公民领袖被塑造为主人公，故事采用的是以公众救赎为主旨的浪漫主义叙事方法；而非洲裔美国人媒体则将事件解读为美国漫长种族暴力历史的又一例证，并将非洲裔美国人社群塑造为为正义而战的英雄。在更大范围的共同话语场域中，叙事分析可以成为一种工具，用以比较不同的诠释版本。在另一项关于公共事件的意义生成中的叙事结构的启发性研究中，菲利普·史密斯（Smith 2005）认为，民主社会要想进行有效的战争动员，必须采用一种让"我们"与威胁到我们生存的"他者"直接对立的灾难式末日（apocalyptic）叙事，因为相形之下，其他任何更为温和克制的悲剧性叙事都无法支撑战争所需的巨大牺牲和努力。同时，也有越来越多的学者开始关注叙事如何影响和塑造公共政策，如有关孤独症（自闭症）的医疗政策，或在欧洲实施的文化政策（Berezin and Bullard 2018）。

文化社会学家同样探讨了叙事形式如何在批判性的社会运动中发挥作用。弗朗西斯卡·波莱塔（Polletta 1998）指出，相比更为简单的"框架"(frame) 形式，叙事形式会涉及事件之间的联系或情节安排、多种视角，以及人们耳熟能详的桥段和故事线。因此，叙事这种文化形式对于社会运动来说尤为重要：它可以清楚地讲述一个社会运动的起源故事，比如，美国民权运动的起源故事就是罗莎·帕克斯（Rosa Parks）拒绝坐在种族隔离的公共汽车上强制有色人种就座的后排座椅。可以说，当社会运动遭遇挫败时，有关失败的叙事能够帮助运动度过艰难时期，反之，当运动目标成功融入制度化政治时，叙事也可以提供团结和联结的纽带，比如，非洲裔美国政治家进入国会后，通过叙事继续推进民权运动的议程。在安妮·凯恩（Kane 2000，2011）看来，在另一场社会运动，即爱尔兰佃农联合反抗英国的土地战争（1879—1882）中，叙事的应用也具有类似的重要性："通过分享与争论有关他们的历史、现状、重要偶发事件以及未来的叙事，爱尔兰人为自己构建起一种新的主导政治叙事"（Kane 2000，318）。

无论是探究更加宏观的话语场域，还是聚焦于更加具体的二元编码或叙事形式，都可以帮助我们深入研究文化结构，与此同时，社会学家又从人文学科那里借鉴了体裁（genre）的概念，用于辨析可以将各种既定文化形式区别开来的形式上或结构上的特征。文化客体往往"包含共同的形式或内容惯例",从而使观察者能够将它们归为同一类型(DiMaggio 1987,441;另见 Griswold 1987)。最初,这个概念主要适用于艺术作品,如小说体裁或戏剧类型,但它同样可以用来描述一系列包含相似惯例结构的其他文化客体,如电子游戏类型、新闻报道体裁等。同时,社会学家也会着重阐明,文化产品的生产者及其受众之间的社会关系是如何促成、限制或改变体裁惯例的。

一个很好的例子是詹妮弗·莱纳(Jennifer Lena)的流行音乐研究。她对流行音乐领域的不同音乐流派进行了全景式观察,不仅聚焦于音乐流派的形式,也聚焦于群体的社会特质。她将音乐流派定义为"一个由音乐取向、期望与创作传统组成的体系,这个体系将唱片公司、表演者、评论家和乐迷联系起来,让他们共同创造出所认同的独特音乐作品"(Lena 2012,6)。不过,在她对所有这些音乐流派的组织的研究中,最关键的部分还是对不同流派特质的定义和区分。正是这些独特的艺术形式使每种流派成为独一无二的存在(即便它们之间的边界在创新融合时期并没有那么明显)。例如,她总结说,说唱音乐(rap)"是一种节奏感强、以电子音乐为基础的音乐,与口语化、押韵的歌词相结合,有时还伴有合唱",而蓝草音乐(bluegrass)的"特点是,由班卓琴、小提琴和曼陀林形成和声,并由低音提琴和吉他提供节奏伴奏，但明显没有鼓、电贝斯、木管乐器或电子乐器的出现"（Lena 2012，28）。在识别流派形式的基础上，研究者得以继续探究音乐的生产者和消费者如何创造和改变音乐流派。同样，我们将在下面的例子中看到，围绕越战问题发生的争议如何使传统的英雄主义战争纪念碑体裁在美国社会变成一个"问题体裁"，而文化形式的创新又如何为这个问题提供了解决方案（Wagner-Pacifici and Schwartz 1991）。

物质性和标志性

符号形式常常通过文化客体来体现和表达。文化客体必然是物质性的。比如说，以旗帜为代表的象征性标志往往要符合严格的材料规格和要求。而像奥运会开幕式这样的大型仪式，各国代表队需要在各自的国旗后列队出场，这种仪式的效果也仰赖物质技术，比如，设计出便于携带的旗杆，以及创造出允许列队行进和大规模观众集结的空间。同样，升旗或降半旗的规范，也要依靠物质设计才能顺利实施。与此同时，社会生活中的各种评判和争议也常常以物质符号为基础，比如人们会争论某个政治家是否应当佩戴国旗别针，或某个艺术家对国旗图像的批判性使用是否恰当。此外，界定国家的认知范畴和边界也常常由国旗来体现：

参与国际谈判的各方都以本国国旗为代表，在国境线上也会插上国旗来作为划分标识。作为一种象征，国旗往往能在烟花表演或体育赛事这类大型公众活动中唤起神圣的爱国情感。即使是虚拟的文化客体，如国旗图案的屏保、艺术家创作的国旗在国土上空飘扬的虚拟视频，假如没有大量物质基础设施的支持，我们也无法看到。因此，分析文化形式作用的另一种方法就是探究其物质性。

正如关注物质性的文化社会学家指出的，物质形式并不是意义生成中无关紧要的一个小条件，相反，物质形式的变化会在很大程度上影响意义生成的过程。物质形式至少会在两个方面对意义生成过程发挥重要作用。首先，它能够稳定意义和记忆。物质载体不仅对交流和自我表达至关重要，比如物质消费能够显示社会地位（Bourdieu 1984），时装或饮料这两种消费品代表截然不同的体验领域（Nippert-Eng 1996），而且物品的某些特质还会影响行动与人际互动的可能性（McDonnell 2010），有时这种影响甚至持续很长一段时间（Gieryn 2002；Mukerji 2009）。代表着认知范畴和文化结构的物质载体的分配与流通，使我们能够理解它们所承载的意义；相反，当这种分配与流通大幅减少，即降低了意义的"可获取性"（retrievability）（Schudson 1989）时，我们就很难接触到或理解某些意义。同时，体现于载体的意义也保存和传播了人类的认知：我们无须时刻在意我们所知的全部文化，其部分原因就在于意义能够存储于外部物体和环境中，它们起到隐性的提示作用。从国旗和教堂圣坛到结婚纪念照和日历，正是物质载体使意义得以稳固并保存下来，我们因此在大多数时候都不需要刻意思考事物有何意义。

反之，物质的变化也可以破坏意义生成的可能性。当照相技术或录音技术升级或改变时，很多记忆就会随之丢失。同样，人们发现，随着广告牌逐渐显示出风化的迹象，其传达出来的信息也会相应发生改变（McDonnell 2016）；再比如，政治新理想的倡导者在创造全新意义的过程中，会首先挑战那些代表着旧体系的物质符号（Zubrzycki 2013）。社会运动的参与者也常常会质疑为什么需要保留某些历史人物的塑像——如美国内战中南方邦联军队的将军塑像，他们认为，推倒这些塑像，有助于将它们所代表的政治诉求以及更为隐晦的对此类诉求的默许从普通人的经验中消除。

在大多数情况下，文化客体的物质性会"在暗中"（behind our backs）影响意义的产生，以人们不易觉察却因此更加有效的方式保存或削弱符号形式的作用。不过，有些时候，物质形式也会产生一种直击人心的影响，因其外形所具有的美学和情感力量在人们心中引发明确而强烈的情感共鸣。这种力量在更深层次上当然与话语和语言意义相关，但又不可完全还原于话语和语言层次。某些物质客体——如艺术品，当然也包括许多大众文化元素，尤其是广告领域的元素——所具有的非语言性、物质性和审美特质，使之成为人们崇拜的标志（icons）。而在当代社会，这样的物质客体几乎随处可见，早已不局限于宗教环境，它们的美学特质激发了人们的灵感，促成了超越语言或话语层面的明确而强烈的意义生成。标志性力量，来自其美学外形与话语深度之间的"相互构成关系"（Bartmanski and Alexander 2012，4）。而标志性（iconicity），则来自经由物质客体带来的审美体验而实现的意义的压缩。例如，某些战争或示威抗议行动的视觉图像成为经典；某些品牌和名人发挥强大的标志性力量；某些建筑和艺术作品获得标志性力量，这种力量来自它们所具有的物质性美学外形与它们可能代表的认知和道德意义之间的相互作用。一些情况下，标志性可以使既存意义更加稳固，比如悉尼的海港大桥和悉尼歌剧院已经成为这座城市持久的象征，但在另一些情况下，标志性也可能打破现状，激励或促成意义生成的新形式，比如标新立异的迪拜哈利法塔（Burj Khalifa）就为中东地区赢得了全球瞩目。同样的道理，失去标志性载体则可能会在社会中造成文化创伤（Debs 2013）。

物质性和标志性可以通过多种方式有力地影响意义的生成，

这在1982年华盛顿特区落成的越战纪念碑的故事中体现得十分明显。罗宾·瓦格纳-帕西菲奇和巴里·施瓦茨（Wagner-Pacifici and Schwartz 1991）是较早关注这一国家标志性建筑的研究者。他们在研究中指出，越战纪念碑的设计，即低矮、沉郁、反光的黑色墙壁上只简单镌刻着阵亡士兵的名字，没有军衔或其他任何诉诸英雄主义表达的细节，这是纪念碑（馆）设计中的一次彻底创新。以往的战争纪念碑（馆）往往诉诸英雄主义表达形式，通过骑在马背上的威武将军的宏伟雕像及被爱国主义象征符号环绕的阵亡将士名单来巩固战争的公共含义。几个世纪以来，这种最常见的纪念形式一直以一种自然而然的方式在社会中强调、传播和稳固有关战争的光荣记忆，而其稳固作用在受到挑战时则会变得愈发明显。越战在美国公众心目中是如此不受欢迎和充满争议，以至于民众在如何纪念阵亡者，甚至是否需要纪念阵亡者的问题上，始终存在巨大分歧。正是这样的争议催生了纪念碑令人耳目一新的设计，有些人批评它不足以纪念士兵们在战斗中表现出的英雄主义精神，但更多的人则认为它在道德上具有感人至深的力量，能够拉近与每一位参观者的情感距离。显然，这一设计颠覆了传统英雄主义战争叙事的可能性，打造了一种新的意义，即我们需要永远"纪念的是在战争中牺牲的战士，而不是战争本身"。该纪念碑从此成为经典，碑面上看似无穷无尽的阵亡将士名单吸引着观察者去探求其中的道德含义。

结　论

对符号形式进行诠释是文化社会学的核心所在。与其他社会学视角不同，文化社会学把文化形式作为自己的专属研究对象，探究"意义景观"（landscapes of meaning）（Reed 2011，109）和符号自身属性所产生的不同影响。约定俗成的常规惯例和结构使符号具有意义，而符号的物质形式也影响着意义生成的可能性和局限性。反之，陌生的习俗、外来的文化结构和不稳定的物质形式则会造成误解、困惑或意义的缺失。

文化社会学提供了一系列分析符号形式的概念工具。文化社会学家已经向我们展示了通过识别认知范畴和符号边界，我们如何能够更好地理解陌生他者、辨析群体共性、澄清文化差异以及解释社会冲突。同样，通过分析在图式、框架、评估和通约概念中存在的更复杂的范畴和边界的组合，我们也可以获得同样的研究收益。

文化惯例的一个重要类型是那些长期存在的、具有历史延续性的文化形式，这些文化形式能够跨越不同的社会环境影响各种类型的意义生成。我们通常可以把这些文化结构当作话语场域来进行分析，话语场域决定着在任何特定历史背景下针对某一话题提出可行主张的范围和限度，当然，我们也可以利用二元编码和叙事形式概念进行更精确的技术分析。文化社会学家同时还关注由体裁类型确立的区分文化客体的正式边界。探索这些文化结构有助于我们理解隐藏在表面文化特殊性和不一致性背后的共同模式，阐释文化差异是如何产生的，也有助于解释持续文化冲突所呈现出的不同方式。

符号形式的基础结构必然是物质性的，所以，研究物质性如何塑造意义的生成，可以帮助我们更好地理解人们共享的意义和人们之间的文化差异。就像文化惯例和文化结构一样，现有的物质形式既可以限制意义生成，也可以为意义生成创造可能性。而物质形式影响意义生成的有效方式之一，就是通过标志性形象和标志性力量。

几十年前，当伯格和卢克曼第一次以"现实的社会建构"概念来理解人类社会的意义生成过程时，社会学中既有的能够用来分析符号形式的语汇少之又少。但自此之后，一系列重要的概念逐渐被发展出来，并被证明能够通过不同方法帮助我们把握符号形式如何制约或促成意义的生成。利用认知范畴、符号边界、图式、框架、评估、通约、话语场域、二元编码、叙事、体裁、物质承载力（material affordances）和标志性等概念进行文化分析，为理解符号形式的独立影响力及传统和结构在意义生成中发挥的作用提供了有效方法。

上述概念工具源于不同的跨学科领域和知识谱系，包括认知心理学、符号学、文学批评和人类学，随后则发展应用于社会学所关心的问题。尽管如此，只要我们认识到常规惯例、结构和物质性都是符号形式的重要特征，那么，以不同的方式利用这些不同的工具从根本上来说并不存在矛盾，毕竟，在任何研究项目中，概念方法的选择总是部分取决于调查对象的性质。

本章的主旨在于展示文化社会学如何帮助我们聚焦于意义生成中的常规惯例、结构和物质性，并拓展我们对这些主题的分析能力。不过，正如约翰·汤普森（Thompson 1990，138-145）所指出的那样，意义的生成还需依赖意向性（intentionality）（主体的有意表达，或者被接受者或受众感知为有意的表达）、指涉（reference）（表达超出符号本身的东西）和语境（context）（嵌入特定的生产和接受的社会过程）。为掌握意义生成的这些特点，文化社会学家借鉴并发展了既有社会学理论来分析互动和社会结构。下一章我们将探讨以行动中的文化为对象的社会学路径，并解读该路径如何进一步明确了意向性和指涉在意义生成过程中起到的核心作用。

第三章

意义与互动

还是这个问题：要想从事文化社会学研究，我们需要掌握哪些知识和技能呢？在之前的章节中我们已经了解到，文化社会学家研究符号形式中存在的常规惯例和结构如何影响意义的生成。在这一过程中，他们会从认知范畴、符号边界、图式、框架、评估、通约、话语场域、二元编码、叙事、体裁、物质性和标志性等方面进行思考。而文化社会学家的第二项重要技能涉及研究意义生成如何在互动中展开。行动中的意义生成是怎样的，互动语境又是如何塑造意义生成的？为了解意义生成在实践中是如何进行的，我们需要研究互动过程，并关注习以为常的社会环境。在探索文化的这一层面时，文化社会学家借鉴了社会学中传统悠久的微观社会过程（micro-social processes）（包括实践、情境化行动和互动）理论，尤其是符号互动论（symbolic interactionism）的思想传统。

行动和互动概念在伯格和卢克曼著名的有关"现实的社会建构"的论述中发挥了重要作用。他们指出，"所有的符号宇宙和合法化过程都是人类行为的产物；它们的存在均以具体的人的生活为基础"（Berger and Luckmann 1966，128）。他们将文化的主观现实性理解为一个经社会化而内化的过程。社会化有两种类型：首先是基本的、具有情感力量的初级社会化；之后是次级社会化，"特定角色的知识"，如语汇、隐性知识、合法性和仪式等则嵌入其中。在伯格和卢克曼看来，意义生成的这一主观维度是由人们的日常生活和互动来维系的。正是人们日常进行的对话在不断确认和调整着文化形式的语言客体化（objectification）（Berger and Luckmann 1966，138-139，149，153）。

例如，我们在上一章中看到，巴特（Barthes 1972 [1957]）对职业摔跤的著名分析，侧重揭示比赛所体现的常规化和结构化的表意过程。但你要是对行动与互动更感兴趣，那你可能会希望了解更多方面的信息：比如，摔跤选手如何经社会化过程学会展演摔跤的？某些基本符号在不同的互动语境中是如何发生变化的？不同的观众又是如何对比赛中出现的符号做出差异性解读的？摔跤比赛中的这些常规性和结构化的固定符号，在真正的日常互动中又会发挥怎样的作用？

聚焦于互动中的意义生成催生了许多重要研究，它们纷纷揭示出在各种各样不同的情境和环境下，意义生成过程中的主观体验。例如，斯科特·雅克和理查德·赖特（Jacques and Wright 2015）调

第三章 意义与互动 077

查了出身典型城市近郊（suburban）中产阶级家庭的贩毒青少年的世界，包括他们的动机，以及他们与供货商、顾客、警察和父母之间的互动。他们发现，这些青少年身处其中的世界在很多方面都完全不同于那些街头贩毒者生活的贫困内城区，而后者才更接近公众对贩毒者持有的刻板印象。比如，内城贫穷的贩毒者在与供货商、买家和警察的互动中倾向于采用对抗或斗争的模式，因为这种模式能够起到一定的威慑作用，以保护他们自己不受对方的伤害，也正因为如此，暴力冲突在他们的环境中可以说是家常便饭。与此形成鲜明对比，对于身处近郊的青少年贩毒者来说，因为他们更少受到伤害，也更少受到警察的关注，所以战斗性姿态对他们来说并不显得酷炫，也不意味着自我保护。雅克和赖特罕见地观察到了一起在近郊发生的斗殴事件，但他们发现，由于近郊环境中存在的"塑造日常社会交往的种种文化承诺（cultural commitments）"，对抗的双方很快就偃旗息鼓了。研究者详细描述了本来可能发生冲突的互动过程是如何被所谓"近郊行为准则"（the code of the suburb）而非"街头行为准则"（the code of the street）所消解的，而这正是因为近郊贩毒青少年所处的环境受到更好的保护，也更加安全（Jacques and Wright 2015, 154-159；另见 Anderson 1999；Duck 2015）。通过聚焦于互动，这项研究揭示了毒品交易过程中的主观性意义生成，而这种主观性意义生成与之前人们在截然不同的社会环境中进行的其他研究中做出的假设是背道而驰的。在此过程中，研究者以意想不到的方式凸显了在权力与不平等之间存在的历史悠久的关系渊源。

还有不少类似研究也把焦点放在考察"实际生活"(on the ground) 中的意义生成上，这些研究基本都建立在质性社会学中源远流长的民族志传统之上，该传统发源于社会学芝加哥学派和符号互动论。文化社会学家吸收了这些学术传统，同时也对其有所拓展。早期的传统总是通过分析互动过程来研究意义的生成，而文化社会学的最新发展往往更进一步，将对互动过程的观察与相通的文化形式联系起来。研究者试图探寻：共享的文化形式，如认知范畴、边界、图式、框架、评估、通约、话语场域、编码、叙事、体裁、物质性和标志性，是如何在互动过程中被融合、表达和改变的？又有哪些共享的互动规范本身就构成了文化形式的一部分并可以在不同的环境中发挥相似作用？

在本章中，我们将重点讨论社会学家一般会用何种概念工具来分析行动和互动过程中的文化。

意义生成过程中的意图和指涉

为什么互动过程会影响意义的生成？为什么有时仅仅研究共享的符号形式是不够的？我们在上一章中已经了解到，常规惯例和结构是符号形式的基本特征。本章中我们将介绍符号形式的另外两个基本特征，即意向性（intentionality）和指涉性（reference）[8]。这些特征将意义生成锚定在情境化的行动语境中，并捕捉到意义的主观体验维度。符号形式是一种表达方式，不管是属于个人或群体的表达，还是为了个人或群体而进行的表达：某种程度的意向性是必不可少的。同时，符号形式还具有指涉性（referential），总是指向"一个或多个特定对象、一个或多个个体、一种或多种事态"（Thompson 1990, 138, 143）。与意向性一样，指涉性也将符号形式锚定在直接的主观经验中。在日常生活中，人们到底想要表达什么，他们在用符号形式指代什么，这通常是我们在和别人相遇并进行互动时最关注的事情。它们反映的都是意义生成的主观体验。

意图和指涉总是特定于具体的互动语境。与能够超越具体情境和不同环境的惯例和结构不同，意图和指涉在实际互动语境之外往往是没有意义的。聚焦于行动中的意义生成的文化社会学家为我们提供了许多方法，用来分析特定的社会语境如何影响意义构建者对符号形式的使用，从而使他们可以表达意向并有所指涉

---

[8] Reference 和 referentiality 作为单独概念出现时，分别被译为"指涉"和"指涉性"，但这两个概念在本书中并没有进行严格区分，所以在不同语境中可能会有互换应用。——译者

(making references)。

一部分有关互动情境的社会学研究，特别侧重对非常特定的社会背景和情景进行解读。这些研究通过为被忽视或误解的群体"发声"而丰富我们的社会学知识（Ragin and Amoroso 2019，40-42）。正如克利福德·格尔茨所指出的，社会科学的一项重要贡献就是将不同他者建构的意义纳入"人类言论的可查阅记录"（Geertz 1973，30）。这类研究有助于我们更好地理解那些对我们来说相对陌生的群体及其世界观，深入解读他们的意图和指涉体系是如何在具体语境中产生意义的，尽管这些意义最初可能会让外人感到困惑不解。文化社会学的一大乐趣就是去了解那些我们通常不太能接触到的社会与世界。把不同群体纳入学术研究领域，总是有助于挑战我们对他者的刻板印象和成见，为理解和支持这些群体所关心的问题提供更好的基础，包括设计出更好的政策。例如，当我们将韦弗利·达克（Duck 2015）在研究中所描述的两种世界进行比较[9]，即之前被人们忽视的近郊青少年贩毒者的世界与内城贫困的街头贩毒者的世界，我们不仅能更深入地了解

---

[9] 作者在本章开篇提到的有关近郊青少年贩毒者与内城贩毒者所处环境的比较研究来自斯科特·雅克和理查德·赖特两位学者在2015年所做的一项研究（Jacques and Wright 2015），她在文中引用的参考文献中提到韦弗利·达克（Duck 2015）也做过相关研究。——译者

第三章　意义与互动　081

这两种环境，而且还能意识到，要想有效解决毒品问题，与其把责任归于个别贩毒者，也许不如去改变将毒品交易和暴力犯罪绑定在一起的社会互动过程和社会不公平现象。

不过，社会学家想要达成的目标往往并不仅仅是描述特定的社会世界。大多数文化社会学家还希望揭示人们的主观意图和指涉体系的一般模式（pattern），以及这些模式（既包括意向主体的，也包括互动伙伴和受众的）如何被生成意义的互动过程所影响。他们在生成意义的社会互动中辨识出有规律的模式，这些模式不仅能够帮助他们阐明自己所研究的特定社会世界，而且还能被应用于完全不同的社会世界中的意义生成。从个体到人群，这些模式可以在不同范围内发挥作用。

在个体层面上，上述模式曾经被伯格和卢克曼定义为初级社会化，不过，现在的文化社会学家更倾向于视为"惯习"（habitus）的培养来进行探究。皮埃尔·布尔迪厄（Bourdieu 1977）提出的实践理论（practice theory），为我们探索在前意识层面（pre-conscious），通过习以为常的实践活动而形成的喜好和态度（包括品味、身份和技能）模式打下了深厚的基础。在任何情况下，人们的意图和指涉体系都来自其根深蒂固的行为习惯。

当然，人们"所掌握的文化远远多于他们所使用的部分"，这是社会学家安·斯威德勒（Swidler 2001, 13）一个非常出名的论断，即使是同一个人，在不同的环境中也会形成不同的理解。因此，一些文化社会学家会聚焦于互动情境中个体所引入的意义体系，专注探讨文化剧目（cultural repertoires）[10]或文化工具包（toolkits），以及一系列可变的行动策略。文化剧目概念为我们提供了一种探索意义生成的变化和灵活性的有效方法，因为即便是同一个体，在不同环境和不同时间也可能会对事物产生不同的认知和理解。

　　文化社会学家不仅关注形成意图和指涉的个体意义生成过程，也对互动秩序（interactional orders）或情境（situations）进行分析。欧文·戈夫曼主张，人们应该关注互动秩序，即"两个或两个以上的个体具身在场的环境"（Goffman 1982，2），并认为这种秩序是建立在对规则和规范的"认知预设"基础上的。马修·诺顿（Matthew Norton）将戈夫曼的观点扩展到面对面互动之外的情形，认为情境（situations）是"行为者在特定时刻所经历的时空相交的环境"（Norton 2014b，162）。在情境中，个

---

10 Cultural repertoires 在作为单独概念出现时一般被译为文化剧目，为其字面意义的直译，repertories 原义指剧团或剧院所能够上演的所有保留节目的集合。这一概念试图传达文化结构对于行动主体既成就又制约的关系，同时也涵盖了行动主体在选择如何应对具体情境时必须始终在某种限定范围内发挥能动性的维度。在本书中，依据语境的转换，我会选取"储备/文化储备""文化剧目/文化剧目库"等译法。——译者

第三章　意义与互动　083

人引入行动中的文化倾向与其时可资利用的文化形式相遇,从而产生了"情境的定义"(definition of the situation)(Thomas and Thomas 1928,571-572)。情境是理解人们行动中文化的意向性和指涉性的基本单位。为了帮助理解不同的情况,文化社会学家分析了小群体文化(idiocultures)、亚文化(subcultures)、群体风格(group styles)、场景(scenes)和展演(performance)。

为解答互动情境如何影响意义生成,不少社会学家会聚焦于那些联系紧密、倾向于面对面互动的小群体,并对特定的小群体文化和亚文化格外感兴趣。加里·艾伦·法恩(Gary Alan Fine)扩展了戈夫曼基于时间维度所定义的互动秩序概念,并纳入了小群体所特有的基于其共有的过往经历的互动模式,即"反复出现的、有意义的、具有指涉性的互动"。每个单独的小群体都维系着一个特定的"集体意义系统"或"小群体文化",而类似的小群体相结合则共同形成一种亚文化(Fine 2012,160,168)。布鲁克·哈灵顿和法恩(Harrington and Fine 2000,313)认为,这样的小群体是"社会生活的组织原则",它们在社会结构与个人行动之间发挥中介作用。

除了特定的群体亚文化之外,文化社会学家还将群体风格和场景作为可识别的、跨越不同群体的普遍文化模式来进行研究。尼娜·埃利亚索夫和保罗·利希特曼(Eliasoph and Lichterman

2003）认为，群体情境的三个文化特征总是以潜移默化的方式影响着群体中人们之间的互动：所有的群体都有用以区分自己人和外人的符号边界；他们对自己的群体纽带有着共同的理解；同时，他们还会形成某种影响成员间互动的规范性沟通方式。通过识别群体互动文化的这三个特征，我们可以比较不同类型群体的文化过程，并识别群体层面的文化异同。类似的特征还能帮助我们分析戈夫曼所提出的群体内部存在的"行动片段"（strips of action）或"场景"（scenes）之间的异同。

在小群体互动的基础上，戈夫曼的理论还为近来出现的一种新的研究路径奠定了基础，这种研究路径聚焦于更大规模、更匿名的互动过程，并将其作为文化展演（performance）来进行解读。杰弗里·亚历山大（Alexander 2004）的理论研究就揭示了我们应该如何解释群体和个人在向他人表达情境意义时所采用的模式，以及这样的展演如何可能获得成功或遭遇失败。

意义的生成涉及意向性和指涉性，而意向性和指涉性总是在特定的行动和互动环境中出现的。文化社会学家发展出有关惯习和文化剧目的实践理论来理解行动中的意义生成。为解析群体互动中的意义生成，他们研究了小群体文化、亚文化、群体风格和场景。与此同时，更大范围行动中的意义生成，包括其意向性与指涉性，还可以视为一种文化展演来理解。

惯习与实践

每个人都为自己特有的成长经历和个人经验所塑造，也因此而与众不同。这一基本社会学原理有一必然推论：正是因为个体具有独特的社会化过程，人们在遇到任何情况时，都会运用自己在社会化过程中培养出的特定的意义建构能力对情况进行解读。皮埃尔·布尔迪厄将这样的能力称为惯习，他的惯习理论被广泛用于解释社会对个人文化能力造成的影响。

在布尔迪厄看来，"惯习"是指：

> 一种持久的、可转换的倾向，它整合了所有过去的经验，作为一个感知、领悟和行动的矩阵，每时每刻都在发挥着作用，并使无限多样的任务的完成成为可能，这要归功于它拥有允许解决类似问题的图式类比移用能力。（Bourdieu 1977, 82-83）

这就意味着我们的惯习既强大又灵活，而且从根本上说是在实践过程中产生的，相对独立于符号形式（Reckwitz 2002）。惯习之所以强大，是因为它来自我们早年生活中习以为常的实践经验，在我们的潜意识中根深蒂固。布尔迪厄引用涂尔干的话指出，"在我们每个人身上都不同程度地存在着一个昨日之人：正是这个昨日之人以无可避免的方式主导着我们，因为……他构成了我们自身的无意识部分"（引自 Bourdieu 1977，79）。惯习的形成与其说是来自有意识的学习，不如说是来自潜意识的实践过程。我们每个人都倾向于表达和使用某些类型（而不是另一些类型）的意义、符号形式和诠释方法，并对此习以为常、毫不觉察，这是因为这种倾向来自我们早年的生活经历和社会地位。

当然，惯习也是灵活的：我们被实践灌输的认知图式和思维方式只是一种形式，而不是内容，因此可以被转移应用到新的环境和情境中。也就是说，我们在社会化过程中不仅获得了特定的信息和偏好，还被灌输了思维方式，我们因此能够解读新的信息，形成新的偏好。例如，许多年轻人主动了解并痴迷于他们最喜欢的运动或球队的每一个细节，他们关注这一特定领域细节的习惯，日后可以转化为对电影史或政治政策等完全不同领域细节的掌握。同样有可能的是，早期沉浸于电子游戏的行为习惯，有助于人们以横向学习的方式获得组织能力和决策技能，而这些能力日后也可以迁移到其他领域。可见，尽管把政治或商业活动当作一项竞技体育来对待也许不能弘扬更高的价值观或实现更长远的目标，但这种思维框架很容易从早期经验中移植过来，并把在童年运动经历中习得的思维方式成功转换到成年人的领域。

惯习也可以将个人的品性气质和意义建构能力与更广泛的社会结构，尤其是社会阶层联系起来。一般来说，人们经历了相同的社会条件、有着相似的日常实践，就会形成共同的倾向，那么，处于不同阶级地位的人群则会形成不同的惯习。因此，惯习并不像一些早期符号互动主义社会化理论所论述的那样，只是个体互动的产物。这是因为，在布尔迪厄看来，"互动本身的形式取决于社会的客观结构……这些客观结构塑造了互动主体的倾向性，并赋予他们在互动及其他关系中的相对地位"（Bourdieu 1977，81）。社会结构通过惯习影响个人的意义建构能力和倾向。

布尔迪厄在其著名的研究惯习的《区隔》（*Distinction*）一书中，揭示了阶级惯习的差异如何影响人们的文化品味（cultural tastes）。人们通常认为品味是相当个性化且具有独特色彩的，但事实上，它们与个人和群体的阶级出身以及随之而来的"对无可避免的差异的实际确认"（Bourdieu 1984，56）有着深刻的联系。阶级惯习影响人们的审美偏好，比如在视觉艺术和音乐方面的偏好，同时也影响个人生活方式，比如一个人在饮食、娱乐、服装、化妆品和美容标准方面的好恶，以及在体育运动上的选择（Brisson and Bianchi 2017）。举例来说，精英人士往往更倾向于选择某些特定的体育运动：

在高尔夫、网球、帆船、骑马……滑雪……或击剑等体育运动中，所有迎合主流品味的特征都被很好地结合在一起。这些运动往往需要专有的场所……，可以在自己选择的时间，单独或与选定的伙伴一起……进行，要求相对较低的体力消耗（消耗程度在任何情况下都可以自主决定），但需要相对较高的时间和学习投入……（因此，这些运动相对不受身体资本的变化及身体随着年龄的增长而衰退的影响）。体育交流因此成为一种高度受控的社会交流，排除了所有身体或语言暴力、所有对身体的胡乱（anomic）使用……以及竞争对手之间任何形式的直接肢体接触。（Bourdieu 1984, 215, 217）

（很显然，这里提到的不少特征，如排除身体暴力、避免肢体接触、减少对于体能和身体其他能力的依赖，与巴特所分析的摔跤运动对身体的要求形成了鲜明对比，后者的参与者往往是相对贫穷、受教育程度较低的群体。）重要的是，布尔迪厄认为，这些体育运动中的阶级品味，以及饮食和审美趣味等等，不仅仅是在经济上富有或困难的问题，而是一种"更为隐蔽的准入门槛，来自家庭传统和早期训练，或强制性（着装和行为）礼仪以及社交技巧，所有这些因素都使工人阶级很难参与到这类运动中去"（Bourdieu 1984, 217）。

布尔迪厄对惯习如何影响文化品味的分析在许多方面得到了进一步发展和完善。例如，安妮特·拉鲁（Lareau 2012）对不同阶级在子女教育方面呈现出的差异进行了颇具影响力的研究，她在研究中运用布尔迪厄的观点，揭示了中上层阶级的父母如何对子女进行"协作培养"（concerted cultivation），为他们精心安排有组织的课外活动和课程，并与学校和其他制度环境进行协调沟通，其终极目的是使子女掌握一套看上去自然而然、被认为理应掌握的技能，为日后的成功奠定基础。同样，正如我们在第一章中所见，劳伦·里韦拉（Rivera 2015）在研究中发现，即便是面对资历完全相当的应聘者，基于文化资本的微妙、隐性的偏见也会深刻影响精英职位的招聘结果。

相似路径上的其他研究以新的方式扩展了布尔迪厄的成果。例如，尽管布尔迪厄用排他性来描述上层阶级的品味，许多社会学家后来发现，广泛的"杂食性"（omnivore）品味往往才更能代表上层阶级的品味特征：比如，欣赏各种不同音乐流派的能力本身即是一种区隔和排他的形式（Bryson 1996；Hanquinet 2017；Lizardo 2017；Lizardo and Skiles 2015；Peterson and Kern 1996）。同样，米歇尔·拉蒙（Lamont 1992, 2000）在她的研究中指出，阶级排斥不仅表现为文化上的附庸风雅，也表现为道德评判。同样，让–帕斯卡·达洛兹（Daloz 2010, 2013）比较了不同国家的惯习、品味和区隔，发现划分精英群体边界的方式在不同的政治环境中表现各异，比如在有的环境中，人们需要表现得格外谦虚，而在另一些环境中，则需要表现得格外慷慨。无论具体情况如何，布尔迪厄所展示的阶级地位与文化品味之间的联系仍然在深刻影响今天的社会学研究，推动学者们关注"文化过程与社会不平等之间的因果路径"（Lamont et al. 2014）。

文化剧目和行动策略

如果说惯习的概念有助于解释个人的品味、偏好和身份是如何被其社会背景深刻塑造的，那么文化剧目（cultural repertoires）的概念则能够更好地帮助我们理解每一个体的适应和改变能力，解读为何即便是同一个体，也可能在不同的意义建构过程中表现出巨大的差异。安·斯威德勒针对说明文化如何影响行动的过于宽泛和概括的观点提出了质疑，她指出这些泛泛之谈并没有考虑到人们在行动中所具有的选择性、怀疑性以及他们与文化元素产生关联的差异性：

> 他们并不是只能简单表达被文化灌输的观点或价值取向。相反，他们会从多种形式的意义储备（repertoire）中获取

59　　　自己需要的工具，然后对自己的所见所闻以一种开放的方式进行解读和再解读。在辩论中，他们可能会有选择地采纳任何用起来顺手的论点。在其他情况下，他们会先随手掏出一种文化框架用起来……直到遇到无法解释的状况……。这种在多种文化现实之间频繁转换的做法并非什么反常的花招，而是普通人……的正常运作方式。人们所拥有的文化储备远比他们在任何情况下所能利用的要多得多。……所以他们经常在一种现实和另一种现实之间穿梭，随意切换他们用来理解经验的框架。（Swidler 2001，40）

由于存在这种差异，斯威德勒认为我们应该把文化理解为一个由各种元素组成的剧目库（repertoire），个体可以根据具体情况从中选择自己当前需要的剧本来应对。（"工具包"一词有时也用于表达同样的意思，但对于大多数行动中的文化而言，从工具包中选择文化元素的想法意味着过多的理性思考，而不是前意识的表达，而正如斯蒂芬·维西 [Vaisey 2009] 在斯威德勒思想基础上所提出的，文化认知在很大程度上是无意识的和图式化的。

举例来说，斯威德勒在一项研究中询问人们如何看待爱情，她发现受访者在解读爱情时表达出两种明显相互矛盾的意思。有时，他们谈论的爱情是热烈的、毫不费力的、超级浪漫的，就像电影或爱情小说中描述的那样。这种"神话般"的感觉与同样常见的另一种有关爱情的解读形成鲜明对比，即爱情是"平淡无奇"的、需要日常努力维护的（Swidler 2001，116-117）。虽然看上去如此矛盾，但很多受访者都会在谈话中表达出这两种截然不同的看法，尽管表达的时间点可能会有所不同。

斯威德勒的文化剧目理论主要被应用于研究个体在行动中的意义建构，但这个概念也可以在更大范围内有效地应用于群体文化，并有助于我们避免针对群体文化提出过于狭隘和本质化的主张。我在一项研究（Spillman 1997）中曾指出，国家认同不能被简单归结为一两个永久不变的核心符号，它应该被理解为一种包含多种符号元素的文化剧目，这些元素在不同时期有着各自不同的功用。例如，19世纪的澳大利亚人经常谈论他们与众不同的政治自由，但一百年后这一主题已逐渐淡化。同样，19世纪的美国人经常谈论他们在世界上的地位，不过一个世纪后，尽管美国人已经成为全球领导者，却很少再有人基于这一地位提出自己的爱国主张。总的来说，这两个相似的国家都有一系列可资利用的主题来描述其国家认同的特征，比如它们的世界地位、政治价值观和制度、国土、建国时刻、历史、各自的多样性和仪式盛典，但它们各自有关国家认同的诉求最终还是会因为情境目的和历史背景的不同而呈现出相异的表达。所以说，国家认同始终是一种文化剧目，而不是一种统一的意义表达。

那么，又是什么决定了每个人如何应用其文化剧目呢？斯威德勒谈到了个体的"文化能力"（cultured capacities）问题，即实践如何将个人的倾向性嵌入特定的行动策略（strategies of action），这与布尔迪厄的"惯习"思想是一致的，但又比后者更为宽泛。除了个体倾向性之外，不同的互动环境、制度和历史背景也会影响到文化剧目如何被用来进行意义建构（Abramson 2012；Swidler 2001）。

例如，不同类型的互动过程对于符号阐释的详尽程度有着不同的要求，因此，互动环境会影响到人们能够表达出多少他们实际知晓的文化。同样，不同的互动情境也会对逻辑上的统一提出不同的要求：有些场景要求意识形态的严谨和一贯性，但更多时候，杂糅着传统和常识的思想混合体就足够了。从历史上看，对于个人或社会而言，越是"安定的时代"，人们就越是可以在互动过程中依赖习以为常的传统或常识；反之，越是"不安定的时代"，就越是要以更明确、更连贯的意识形态来建构意义。而当某些制度，如婚姻制度，在实际生活中造成矛盾时，人们通常也会利用文化剧目中不同的、可能相互矛盾的元素来解决。例如，斯威德勒在研究中指出，人们常常把"神话般的爱情"与寻找生活伴侣的目标联系在一起，而"平淡现实的爱情"则是与伴侣共同生活几十年的必要条件。同样，正如我们在第一章中看到的，科里·艾布拉姆森（Abramson 2015）曾指出，与老龄化问题相关的困境会导致一系列文化反应，包括各种各样且有时相互矛盾的想法，比如，维持身体健康或最大限度地享受生活，以及普遍或特定的社会纽带和义务。总的来说，那种被逻辑一致、以价值为主导的意义建构驱动的行动在生活是很难见到的，这种行动往往只有在非常动荡的社会变局中才会出现。

通过"惯习"和"文化剧目"这两个概念，布尔迪厄和斯威德勒对个人在行动中的意义建构提出了对比鲜明但同时又能相互兼容的理解：一方面，意义生成受到人们根深蒂固的习惯和实践的影响；另一方面，人们对文化元素的应用又是灵活的，可以根据不同情境进行转换。尽管人们会将特定的文化形式和内化的经验作为背景带入每一种情境，而且这些倾向性是由他们的社会地位决定的，但每一种情境依然会催生独特具体的意图和指涉体系，从而形成行动中的文化。

小群体文化和亚文化

除了个人行动之外，意义的生成还受到情境化互动（situated interaction）的影响。在实践中塑造文化的众多普遍且重要的情境类型之一出现在群体当中，正是在群体环境之中，个体通过反复的互惠性互动将彼此视为具有共同经历的独特个体（Harrington and Fine 2000，313）。群体环境与匿名性的或更大规模的社会环境形成鲜明对比。群体在个人与更广泛的社会之间形成纽带：它们在个人的社会化过程中发挥重要影响，同时在发起社会挑战和变革、传播创新以及确立社会地位方面都起到核心作用。在上述所有这些方面，"小群体都是意义的创造者"（Harrington and Fine 2000，320）。类似于运动队或教会这样关系紧密的小团体，常常会发展出一种由群体成员共享的符号和规范构成的"小群体文化"（idiocultures），这些符号和规范是在群体成员的共同经历中逐步形成的。尽管外人可能无法理解，但成员会意识到并期待其他成员同样理解他们彼此相通的独特经验、符号和规范。

小群体的种类繁多，对于关注互动中的文化的社会学家来说，它们提供了丰富的研究土壤。小群体涵盖了以工作、休闲、艺术、政治和其他各种可以想象得到的活动为其主旨的所有团体，且因互联网的发展，它们并不仅限于面对面交流的团体，还包括虚拟的线上团体。费恩在探索许多不同类型的小团体时，提出了"小群体文化"（或"自文化"）的概念，关涉棒球小联盟球员、蘑菇采集者、天气预报员和国际象棋选手等。一个有意思的例子是他对餐厅后厨的研究，在研究中，他描述了厨师和后厨员工如何形成一个关系紧密的工作团体，并常常以"家人"自居。他们的亲密关系通过称呼对方时用的昵称、交谈时说的俚语和笑话及共有的记忆体现出来，这些都将他们与外人明显区分开来。同样，戏弄与恶作剧，比如在同事的饮料里偷偷加入辣酱，也有助于强调他们共有的经历和表达群体性："员工们拥有共同的记忆并常常一起分享往事；正是这种共同拥有的感觉在他们之间形成了一种有力的联结"（Fine 1996，125）。

费恩还注意到，每一家餐厅后厨的小群体文化其实都镶嵌于一种更为广泛的餐饮业亚文化（subculture）（Fine 1996，117）。每当员工来到一家新的餐厅工作，他们可能会失去在之前的工作场所中与同事共享的记忆、昵称和笑话，但他们会意识并感知到那些存在于整个餐饮业亚文化中的非常相似的范畴、符号、规范、价值观和仪式特征。亚文化群体成员之间不一定有机会进行直接的互动，但就像小群体文化的成员一样，他们共享一套独特的经验，这套经验为他们建构意义提供了一系列共同的交流工具，并把他们与其他人区分开来。有些职业可能会形成自己的亚文化，或者形成如约翰·范马南和斯蒂芬·巴利（Van Maanen and Barley 1984，287）所提出的"职业社区"（occupational communities）："（社区里的）人们首先会认同自己从事的是同一类工作；他们的身份认同来自工作；他们彼此分享一套适用于工作领域但又超越工作领域的价值观、规范和观点；他们的社会关系同时融合了工作领域和休闲领域。"渔民、警察、程序员、厨师——他们都参与了基于其工作生活的职业亚文化。我的研究（Spillman 2012b, 149-180）也展示了从事相似行业的群体（如混凝土维修承包商、酒店顾问、信封制造商和精算师）所传递出来的职业社区亚文化。

正如上述例子所显示的，亚文化在我们的生活中几乎无处不在，在很多看上去不太可能存在的社会世界的边边角角也可以觅得它们的踪迹。社会学家对青年亚文化和音乐亚文化尤为感兴趣，这或许是因为它们常常表现出一种与主流文化对抗的叛逆姿态（Bennett 2001, 2018；Hebdige 1979）。反叛的青年亚文化总是有自己独特的"黑话"体系、风格以及很严格的群体符号边界，它们存在于一代又一代年轻人当中，并在不断衍生扩展，就像大卫·格拉齐安（David Grazian）所指出的那样，"美国的亚文化群体，包括油头飞车党（greasers）、垮掉派（beats）、民谣派（folkies）、嬉皮士（hippies）、冲浪族（surfers）、朋克族（punk）、光头党（skinheads）、霹雳舞者（b-boys）、滑板族（skate-boarders）、暴女（riot grrrls）、锐舞一代（rave kids）和硬地文青（indie hipsters），始终站在流行文化重塑的最前沿"（Grazian 2017, 88）。

群体风格和场景

小群体文化和亚文化中的互动式意义生成，依赖在特定环境和特定互动过程中产生的范畴、符号、规范、价值观和仪式，所有这些特征都有别于群体居处其中的更大的社会环境。这也是情境影响实践中的意义生成的方式之一。与此同时，不同群体之间其实不乏相通之处，尽管每个群体对其成员来说可能都是一种独一无二的存在。因此，文化社会学家在分析情境和互动时，也会探索群体互动类型本身在不同小群体文化和亚文化中呈现出的模式规律。为理解普遍的群体互动模式，尼娜·埃利亚索夫和保罗·利希特曼分析了"群体风格"（group style），即"基于群体对何谓良好或充分参与群体环境的共同假设而产生的反复出现的互动模式"（Eliasoph and Lichterman 2003，737）。这些模式在不同群体中往往具有一定的共性。

他们深入探讨了群体间存在的相同假设并将其视为持久的文化模式，发现群体风格可能在三个方面形成重要差异：边界（boundaries）、纽带（bonds）和言语规范（speech norms）。群体成员总是需要确认这几个问题：第一，谁是自己人，谁又是外人，他们应该如何划定群体的边界？第二，如何理解联结自己人的纽带，以及他们相互承担什么样的责任？第三，什么是成员之间理所当然视为适当（或不适当）的群体内互动方式？

64　　例如，利希特曼（Lichterman 2005）研究了不同的宗教志愿者团体，发现尽管每个团体都有帮助弱势群体的良好愿望，但它们各自实现愿望的程度却大相径庭，而原因恰恰在于每个团体对于自己的边界和内部联系纽带有不同的定义和理解，同时它们的成员也以不同的方式谈论自己所做的事情。比如，有些团体的边界感很强，实际上也不太了解它们想要帮助的人群，因此，尽管它们有伸出援手的意图，却形成了一种宗派式的孤立状态。有些团体并不要求在成员间建立紧密的纽带联系，而这种"随时加入的志愿方式"，由于对其他社会世界没有清晰的了解，也无法为弱势群体带来任何长期的改变（另见 Eliasoph 2011，117）。同时，有些团体允许成员间进行比较艰难的、自我批评式的讨论，而有些团体则不鼓励这类讨论：事实证明，那些言语规范允许批判性反思的团体比其他团体更擅长提高自身的能力。

　　那么，假如某些群体没有非常明确的边界和定义，结构比较松散，它们成员间的互动又是怎样的呢？或者，对于那些内部结构复杂的团体组织、社会网络和项目，我们又应该如何分析其中存在的不同情况的互动呢？利希特曼和埃利亚索夫认为，在边界分明的群体之外，"场景风格"（scene styles）也会塑造意义生成的可能性。和小群体一样，场景风格也能从边界、纽带和言语规范的角度进行分析。相似的场景风格可以在完全不同的环境中被采用。但是，即便是在同一团体中，参与者也可能根据情境的不同而切换"场景风格"。例如，某个青年团体网络的成员会在"俱乐部风格"（club style）、"服务中心"（service provision）、"身份认同社区"（community of identity）和"社会行动组织"（social activism）这几种场景风格或情境定义之间进行切换，同一团体内部的互动也并不局限于一种风格。与此同时，有些场景风格，如"身份认同社区"风格，可能在众多完全不同的群体中都有所体现（Eliasoph 2011；Lichterman and Eliasoph 2014，829-833）。举一个来自截然不同环境的例子，彼得·莱文（Levin 2004）发现，大宗商品期货的交易员在互动中时常会以一种暗示性的男性化语言来谈论明显与性别无关的能力，而在市场低迷的时候，他们则会马上切换到一种毫不隐讳的、几乎总是与性相关的（sexualized）玩笑和戏谑模式。显然，即便是在同一群体，性别等级概念在不同的场景风格中也会呈现出不同表达方式。

不论是提出"场景风格"的概念，还是研究场景之间的切换，利希特曼和埃利亚索夫都借鉴了欧文·戈夫曼的互动分析理论：

正如戈夫曼所定义的，一个"场景"（scene）是由行动者对"行动片段"（strip of action）中"这里正在发生什么"

（what is going on here）的隐含假设构成的。因此，我们将重点关注"场景风格"，即行动者如何在一个场景中协调各种行动；在任何组织中，都可能存在多个"场景"，每个场景也可能带有不同"风格"。"风格"描述了场景的构成。（Lichterman and Eliasoph 2014，815）

戈夫曼的"场景"概念早期被应用于分析特定的音乐亚文化，发挥了重要的理论指导作用。音乐亚文化有不同的种类，但其中最著名的流派常常是"基于场景"而定义的，即由规模相对较小的音乐家群体为本地或虚拟的听众社区（而非大众市场）创作，以一套特定的表演惯例和规范、风格、行话和"态度"来表达自身特征，并向风格上的竞争对手和主流市场发起挑战（Lena 2012，33）。这些"基于场景"的音乐亚文化也同样呈现出利希特曼和埃利亚索夫所总结的独特边界、纽带和言语规范等特点。音乐场景曾一度被认为主要是地方性的，与特定的城市或社区关联在一起的，如20世纪20年代的哈莱姆爵士乐场景（the Harlem Jazz scene）、90年代的西雅图之声摇滚乐（垃圾摇滚乐）场景（the Seattle grunge rock scene）或经久不衰的纳什维尔乡村音乐场景（country music scene in Nashville）。但现在的音乐场景也可能是跨越地域界限的，如20世纪90年代开始散布在世界各地城市的锐舞音乐（rave music）。当然，虚拟音乐场景也在激增（Grazian 2017，89）。无论是本地的、跨地域的还是虚拟的，音乐场景都是一种"语境"（contexts），"在这种语境中，制作人、音乐家和乐迷群体分享他们共同的音乐品味并集体将自己与他者相区隔"（Peterson and Bennett 2004，1；也见 Bennett 2001；Driver and Bennett 2014）。大卫·格拉齐安（Grazian 2003）在一项有关芝加哥蓝调音乐场景（the Chicago blues scene）的研究中探讨了音乐场景的复杂性，并揭示出本地听众、音乐家、城市形象推手和游客如何共同促成和构建出一种"纯正"（authenticity）蓝调音乐的意识形态。

展演

到目前为止，我们所讨论的所有这些理解互动中文化的方法都偏重较小范围的情境，但生活中我们遇到的情况并不总是小型的、面对面的互动（或社交媒体中的类似场景），我们常常也需要在远超群体或场景的规模上与陌生人群进行互动。比如，在政治运动、大型朝圣仪式、超大型教会（mega-churches）、抗议示威活动以及奥运会或世界杯等重大体育赛事中，都会发生大规模的人际互动。我们如何才能分析更大规模互动中意义生成的模式与偶发性呢？

杰弗里·亚历山大提出的展演（performance）理论为我们提供了一种有效的方法，他的理论能够帮助我们分析现实世界中意义生成的各种可能性和偶然性（contingencies），并且可以同时适用于大规模群体互动与更个体化的情境。与前文提到的许多文化社会学家一样，亚历山大也借鉴了戈夫曼的互动理论，但他通过引入戏剧研究的成果，深化了后者对展演过程的分析，并将其应用扩展到戈夫曼（Goffman 1959）所分析的小规模相遇场景之外。利用戏剧比拟，将个人和集体的行动理解为一种社会展演，使我们可以更好地解释"个体或群体行动者向他人展示其社会处境之意义的社会过程"。通过深入分析展演过程，我们可以了解每一次展演是否及如何可能得到观察者和受众的理解及情感认同：这正是"展演能成功向受众投射文化意义的条件"（Alexander 2004，529，547）。

许多因素都可能影响意义是否在展演中得到成功传达。当展演奏效的时候，受众就会体验到亚历山大所说的"融合"（fusion）状态，一种产生情感联系和相互理解的真切感受。然而，尽管展演在社会中无所不在，融合状态往往是很难达到的，特别是在当今人口结构多样化的复杂社会之中。

导致社会展演成功或失败的因素包括以下几点：

- 集体表征系统（collective representations），即背景符号（background symbols）和脚本（scripts）。例如，奥运会开幕式展演成功与否可能会受到这些因素的影响：开幕式是否表达了凸显全球合作与竞争的共同文化准则；所有的脚本符号，如奥运火炬和代表所有参赛方的形象标识等，是否清晰易懂。（我们可以设想一下，假如奥运会组织者在开幕式上呈现的所有体育符号只能代表本地的体育文化和历史，会发生什么情况。）

- 演员/行动者（actors）。展演的成功还有赖于仪式的参与者：火炬手、致辞嘉宾、运动员和所有其他参与者，都应显得自然并沉浸在共同的历史性时刻。

- 受众/观察者（audiences/observers）。不同的受众人群（audiences）是否能认同并投入展演，而不仅仅是作为观察者旁观？除了现场参加庆典的观众之外，开幕式如何以"媒体事件"（media event）（Dayan and Katz 1994）的形式向不在场的更广大观众进行展演？现场观众会在恰当的时候鼓掌欢呼吗？我们是否会在转播中无意发现名人嘉宾分神的瞬间？批判性媒体的评论如何为更广泛的受众解读和评估展演？对于观看开幕式的全球观众来说，简单易懂的符号和演员的积极参与能为他们跨越文化壁垒发挥重要作用。

- 符号生产的手段（means of symbolic production）。显然，这些生产手段，比如合适的地点、时间、道具、服装等，必须具备。举办奥运会的城市和国家会投入大量资源来创作和呈现一场精彩的演出。但从更广泛的视角来看奥运会，许多城市会认为自己不具备成功举办奥运会并以此推动城市发展所需要的大量资源，或者认为相关资源原本可以用在其他更需要的地方。

- 展演组织（performance organization），即舞台布置和呈现（mise-en-scène）。如果没有积极的组织来传达信息，展演的所有其他元素都将是徒然的。因此，奥运会主办方通常会聘请一流的导演和制作人，以确保开幕式和闭幕式的成功演出。

- 社会权力（social power）。制作、传播和评估展演的权力也会影响展演的成败。剧本能否通过政治当局的审查？制作人手中的资源是否匮乏？演员和受众的选择是否受到一定限制？谁来决定如何传播？（例如，与电视网络签订的合同是否会影响到作品的广泛传播？）还有，中间的评论媒介，如地方电台，会如何影响受众的参与？

与互动中的所有文化一样，展演是充满变数且具有诸多偶然性的，取决于汤普森（Thompson 1990）所指出的语境中意义的意向性与指涉性（referentiality）。因此，展演过程最终的交流结果是具有不确定性的。展演能力在现代生活的各个领域都至关重要，而伴随着媒介化互动的规模日益扩大，展演能力也愈益发挥着核心作用。可以说，控制展演成败的尝试在社会中随处可见：从戈夫曼（Goffman 1959，17-77）所分析的微观互动层面，如工作领域，就像里韦拉所描述的精英职位的面试（Rivera 2015，135-146）；到广泛的社会身份认同（如性别认同）（Butler 1999，171-190；Goffman 1979）；再到如发生在埃及的批判性社会运动（Alexander，2011）；以及民族文化价值向经济价值的转化（Bandelj and Wherry，2011，11-12）。

当然，社会展演视角也能帮助文化社会学家研究艺术领域。例如，丽莎·麦考密克（Lisa McCormick）的研究揭示了古典音乐表演中存在的一系列集体表征符号，如"神童"（prodigy）型选手、"大师"（virtuoso）型选手、"征服者"（conquering hero）型选手或"知识分子"（intellectual）型选手，这些符号在音乐比赛中形成一种"对表演者外在形象的文化期待"，而这些期待既有可能阻挠也有可能确保演出的成功。比如，她在研究中就发现，女性表演者往往很难驾驭"征服者"类型的剧本并因此受到制约，但"神童"型和"大师"型的形象则更容易融入她们的表演中

(McCormick 2015，147，154-155)。

了解展演概念对于分析现代政治进程尤为重要。比如说，政治竞选者总是想方设法控制不确定因素，他们会调动资源、协调社会力量并聘请竞选专家，然而，即便如此，他们的展演在剧本创作、表演和受众反应方面仍然面临着关键的不确定性。即使是在总统竞选活动这种控制严格、资源配置丰富的情况下也是如此，某些突发事件和无意的失误就可以决定竞选的成败。亚历山大分析了2008年美国总统大选，发现巴拉克·奥巴马（Barack Obama）出人意料地取得胜利的一个关键就在于，当时的美国正处在金融危机当中，而与对手约翰·麦凯恩（John McCain）明显冲动和愤怒的反应相比，奥巴马则更为沉着冷静、深思熟虑，展现出了出色的公共事务管理能力（Alexander 2010，243-260；另见 Mast 2019）。

事实上，以总统为代表的很多领导职位都需要相当的展演能力，并且在20世纪的进程中，情况变得越发如此（Mast 2013，18-42；Meyrowitz 1985）。杰森·马斯特（Jason Mast）分析了1998—1999年弹劾比尔·克林顿（Bill Clinton）总统的意外失败，并指出：

克林顿成功地将自己塑造成了一个殉道者的形象，当受到非民主势力的威胁和伤害时,为了维护美国奉行的神圣法律,他在共和党人的贬损仪式中艰难应对……作为一个社会行动者,克林顿能够抓住偶发事件并转化为象征性事件,进而将它重新编织为对自己有利的有关美国政治和公民生活的意义纹理。(Mast 2013,152)

正如艾萨克·里德(Isaac Reed)所言,成功的展演可以创生出强大的力量:"(成功的)情境化行动和互动能够控制行动者并进一步决定其未来的行动"(Reed 2013,203)。

结 论

　　文化社会学家分析行动和互动中的意义生成,是为了了解意义生成的主观性和它在实践中的运作机理。人们在使用符号形式时会考虑到具体的意图和指涉;由于意向性和指涉性是意义生成的重要组成部分,因此语境和过程在意义的建构中发挥着至关重要的作用。理解语境如何影响意义生成的方法多种多样,既有关注个人行为的方法,也有聚焦于小规模和大规模情境的方法。与之前提到的分析文化形式的方法一样,这些方法加深了我们对陌生他者的了解,有助于明确各群体间存在的共同点,澄清文化差异,并帮助解释社会冲突。

这些方法的基础通常是社会学领域传统悠久的符号互动理论和民族志研究方法,当然也融合了其后发展出的一些创新实践理论。欧文·戈夫曼的理论贡献对我们当下理解互动中的文化的思路影响尤为深远。

聚焦于行动中的文化的学者提出了一系列新理念,用以理解个人带入互动的特质,尤其是他们的惯习和文化剧目。在任何情境中,人们都会自然运用自幼时起就为他们的社会地位所塑造的、根深蒂固的习惯和做法:正是惯习塑造了他们在新环境中可资利用的认知范畴和评价体系。同时,在任何特定情况下,人们往往是从自己的文化剧目储备中选择合适的诠释框架,而哪种框架最让他们感到舒服,不仅取决于他们长期的惯习,还取决于当时的社会环境情况,如制度要求以及社会环境是否稳定。比如,从小就确立起来的习惯性倾向可能会使一个人对团队运动或个人运动情有独钟,但在考虑到周围的制度压力的情况下,即使选择了个人运动,他们也可能将其视为基于团队合作的运动,并将这种解读纳入他们带到新环境的文化剧目当中。

对于研究互动中的文化的社会学家来说,情境(situation)显得尤为重要。意义的生成往往发生在群体中,而不仅仅是一种个体过程,同时,群体又可以将个人与更大的社会环境联系在一起。小群体基于其成员共同的互动历史，拥有共享的小群体文化。由共同的范畴、符号、规范、评价体系和仪式构成的共同经验使小群体有别于其他群体，而这同时也是更广泛的、包含许多相似小群体的亚文化群体的特征，正是这些相同的特征把亚文化群体与更广泛的社会区隔开来。因此，举例来说，在某个工作场所，员工们进行面对面交流时所使用的语汇和规范可能很难为外人所理解；同样，超越面对面交流的范畴，某些职业形成的整个亚文化都很难为外人所理解。

文化社会学家也会思考群体互动的一般过程，这些过程可能以某种方式为不同的群体所共享。群体风格是根据其所包含的群体纽带、群体边界和言语规范来分析的。同时，每个群体的互动过程并不总是同质的，其中可能呈现出不同的场景风格或互动片段，这些场景会依据独特的纽带、边界和言语规范协调起来，比如我们之前见到的，期货交易员在面对景气或不景气的市场时呈现出的基于性别等级观念的不同态度和行为。

许多分析行动与互动中的文化的方法都倾向于强调较小范围的、通常是面对面的环境，但大范围的、由陌生人构成的社会环境也很重要，而且正在变得越来越重要。有鉴于此，一些文化社会学家分析了展演的条件及其结果的不确定性，展演框架当然也适用于分析面对面的互动，但更可以随时被应用于大规模的社会

第三章　意义与互动

群体互动，如竞选活动或媒介化仪式事件（media ritual events）。

我们之前在第二章中已经接触到了一系列概念工具，它们有助于文化社会学家探索常规惯例和结构影响意义生成的方式。在本章中，我们增加了一些概念工具，用于分析实践中意义生成的意向性和指涉性。大多数深入的文化分析都会结合这两个角度，同时把文化形式和互动中的意义生成纳入考虑范围。不过，第三个角度也很重要：社会学家总是会关注意义生成过程中更广泛的组织背景是如何影响文化形式和文化客体的。在下一章中，我们将探讨文化社会学家如何处理这一经典社会学问题。

第四章
生产意义

还是回到同样的问题：要想从事文化社会学研究，我们需要掌握哪些知识和技能呢？到目前为止，我们已经看到，为了研究文化，我们需要分析符号形式和互动过程。我们在第二章中探讨了分析符号形式的方法路径，要知道，在这些路径出现之前，社会学领域中还没有能对符号形式进行有效分析的方法，所以这也是文化社会学分支最为重要和独特的贡献，或"增加值"（value-added）。相比之下，我们在上一章中介绍的分析互动中意义生成的概念工具，则是建立在聚焦于微观社会过程的深厚社会学传统之上，并对其进行了补充，我们提到文化社会学家会探究惯习与实践、文化剧目与行动策略、小群体文化与亚文化、群体风格与场景，以及展演。与此同时，文化社会学还建立在另一个核心社会学传统的基础之上，即更大的社会结构可以解释我们的观念和经验。这一传统构成了研究文化的第三项重要技能的基础：分析意义如何产生于我们所处的社会组织和历史语境之中。

伯格和卢克曼在分析"现实的社会建构"时曾指出，个人的社会化过程其实也是他学习"在特定社会结构背景下"行动的过程。对这两位学者来说，分析个人或互动层面的意义生成"必须始终以对……结构方面的宏观社会理解为背景"。社会制度先在于并塑造着我们的意义建构；它们"总是有其历史渊源"，它们被人们视作客观现实，而且也控制着我们的行为举止。人们常常会让社会制度具象化，仿佛它们是"独立于人类活动和表意过程"之外的存在；同时，社会制度也总要经历广泛的合法化过程。无论如何，为了充分理解意义生成，我们必须研究它如何受到其历史和制度背景的影响（Berger and Luckmann 1966，163，163，54，90，92）。

我们在前面章节提到过，罗兰·巴特（Barthes 1972 [1957]）曾经分析了符号形式中存在的约定俗成的惯例与结构，并以此解释职业摔跤比赛中的符号如何表达特定的戏剧性含义，比如善恶、苦难、正义和失败。在此基础上，我们也看到关注情境化互动的文化分析家如何追问其他问题：比如，摔跤选手社会化过程中的互动经历，他们在后台和前台不同语境中所进行的互动，以及各种观众群体在不同比赛中做出的差异化解读。与此同时，基于我们在第三章中所介绍的理论工具，我们也可以在巴特研究的基础上分析摔跤比赛观众的阶级惯习，或者分析摔跤选手和观众如何把各自的象征性符号储备（包括其道德诉求）带入他们各自对比赛的解读。同样，我们还可以把摔跤比赛作为一种亚文化来分析，或者思考摔跤比赛与一些其他类型的娱乐项目所共有的群体风格。不过，也许最适合这一特定主题的理论工具是展演，我们可以在巴特的基础上，分析摔跤比赛中的各类因素如何时常（但并不总是）合而为一，从而在摔跤选手和观众之间创造出一种"融合"的理想状态。

但是，从符号形式和互动过程的角度来解释摔跤运动，仍然会让文化社会学家提出更多的问题。是谁组织和推广了这种比赛？他们在其中的利益分配又是如何影响比赛的过程和结果的？作为一种娱乐项目，摔跤比赛的市场如何？摔跤比赛在娱乐和体育产业中占据何种位置，它又是如何被这些大的产业所影响和改变的？是否有法律或技术规定约束着一般摔跤比赛的进行？什么样的因素影响着摔跤选手的职业轨迹？从整体上看，谁是摔跤领域的主要参与者，他们在这一领域的地位又是如何分配的？在现代资本主义社会中，传统摔跤比赛是如何演变为娱乐项目的？简而言之，人们围绕摔跤比赛建构起来的意义是如何被更广阔的社会背景的特征所影响的？

所有这些问题都提示我们，在符号形式和互动领域之外，意义的建构还包含其他重要层面。我们接下来将要介绍文化社会学家如何思考生产符号形式的周边社会环境，并看到学者们在相关领域所取得的富于洞见的研究成果，包括解读文化如何受到社会历史环境变化的影响、文化如何在组织中形成，以及文化如何在限定的行动领域中产生。举个经典例子，理查德·彼得森（Peterson 1990）曾经在他的研究中分析了摇滚乐如何以及为何在20世纪50年代成为当时最流行的音乐类型，几乎完全取代了此前以弗兰克·辛纳屈（Frank Sinatra）、纳京高（Nat King Cole）和多丽丝·戴（Doris Day）[11]等艺术家为代表的爵士乐审美。他发现，尽管人们可能会把这个现象单纯解读为新一代婴儿潮（baby-boom）听众被敢于创新的音乐家所吸引，但问题远远没有这么简单。事实上，彼得森认为，假如音乐产业本身的组织结构没有在当时发生巨大变化，摇滚乐可能会一直默默无闻下去。当时的情况是，新的联邦法规开放了美国的电台执照，使得原本仅仅由四个网络组成的单一全国性广播行业变成了一百多个独立的地方市场，而每个市场又由八个或更多的电台组成。由于负担不起昂贵的现场直播节目，这些电台开始依赖录音，这样就为摇滚乐等以

---

11 弗兰克·辛纳屈（1915—1998）、纳京高（1919—1965）和多丽丝·戴（1922—2019）均为美国著名的歌手和演员，其演艺生涯均与爵士乐领域相关。——译者

前默默无闻的音乐类型提供了更多的播放空间。这项研究的发现说明，要解释摇滚乐的兴起，仅仅考虑符号形式和互动背景是不够的；作者似乎在提醒我们，即便我们感兴趣的只是当代文化，我们可能也需要关注商业新闻。

和彼得森的研究路径相似，不少学者会深入探究意义建构的商业运作（business）。要回答有关文化生产的问题，必须考察政府、专业领域、社会运动和跨国网络是如何生产文化的，这样就将文化社会学与社会学所关注的最根本问题，即社会结构如何塑造文化，联系在了一起。不仅是伯格和卢克曼，几乎所有社会学奠基人都在一定程度上认同这一观点，而且在社会学的许多其他领域，这也是一个广泛达成共识的前提假设。

然而，文化社会学家的独特贡献就在于，他们对上述社会学原则予以拓展和延伸，并挑战了其中隐含的普遍假设，即宏观社会结构本身（如"资本主义制度"或"民族国家"）会直接催生广泛传播的意识形态，这也被称为"反映论"（reflection theory）。文化社会学家更加关注各种各样的组织力量，这些力量可能会在广泛的社会结构中造成不同的文化结果。他们提出的问题是：社会中的社会组织和网络，为达成它们的集体目标（这些目标往往超出个人表达或个体互动的范围），是如何创造并传播普遍共享的文化形式（如范畴、评价体系、叙事和体裁等）的？

在本章中，我们将重点讨论文化社会学家用来分析文化生产过程的概念工具。

意义生成的社会历史背景：突破反映论

我们为什么要把意义生成问题的焦点扩展到符号形式和互动过程之外？我们在第二章中已经看到，深入分析符号形式有助于我们更好地了解意义的生成如何受到常规惯例和表意结构的影响。在第三章中我们又了解到，分析互动行为有助于我们更深入地了解符号形式应用中的意向性和指涉性如何影响意义的生成。但正如约翰·汤普森所指出的，符号形式的第五个特征也至关重要，即符号形式还具有超越互动过程的"语境性"（contextual）：它们"总是嵌入特定的社会历史语境和过程，正是在这些语境和过程中，也是通过这些语境和过程，它们得以产生、传播和被接受"。因此，符号形式总是"带有……其产生时的社会条件的痕迹"（Thompson 1990，145，146）。

如果我们一直生活在一个小规模、同质性强且能够面对面交流的群体中，几乎从始至终都很少与外界接触，就像前现代时期的人通常经历的那样，那么生产符号形式的社会历史背景和过程可能仅限于我们在前一章中探讨的群体中的互动过程。（即便如此，我们也不妨考虑一下这类小群体中的专业文化生产者，如宗教权威或某些仪式专家，如何以更大的权重影响意义生成的过程；同时，我们也不妨更深入地了解特定的历史和生态环境如何以种种已被遗忘的方式塑造这些群体所使用的符号形式。）不过，很显然，我们现在大多数人并不是生活在这种成员相似且与世隔绝的小群体中，事实是，几个世纪以来，几乎已经没有人真正在这样的群体中生活了。我们今天所有的符号形式都根植于当前的结构化社会环境中，这个社会环境无论是在规模还是在时间范围上都远远超出了曾经的小群体。

所有的社会学奠基人都曾以这样或那样的方式聚焦于传统社会向现代社会的过渡，他们也就此提出了各自的思考，试图解释新兴现代性所带来的巨大社会变革如何推动广泛的文化变迁。与此同时，他们还对各自社会所面临的文化冲突和文化变迁提出了富于批判性的见解。然而，当他们的思想被整合到社会学时，"文化"大多被视为一种用来描述社会整体的大规模的、宏观层面的社会属性：比如，现代社会、资本主义社会、民主社会或整个民族国家。社会学家大多假定是社会结构决定了文化，因此文化即是社会结构的反映（culture reflected social structure）。这种假设不仅普遍存在于强调文化权力的意识形态理论中，同时也普遍存在于突出意义生成如何支持社会融合的功能主义理论中（Spillman 1995）。

20 世纪上半叶文化理论领域所取得的最具创新性的成就来自马克思主义理论家,他们修正了意识形态理论,使得"反映论"能够更好地揭示文化权力的运作,比如,部分理论发展试图帮助反映论更好解读我们在前几章中探讨过的主题:符号形式(Lowenthal 1961；Lukacs 1971 [1923]),以及实践和互动的运作机制 (Gramsci 1971；Williams 1973)。

这些理论家还探讨了不断扩张的大众传播和资本主义媒体产业对当代意义建构的影响。大众传播的出现可以说是人类意义生成史上最重要的发展之一。汤普森曾对这种发展做了如下总结:

> 15 世纪末到 16 世纪初的欧洲出现了一系列新的机构和制度,这些机构和制度赋予符号形式以经济价值,并推动其在时间和空间上广泛传播和流通。……符号形式的生产和流通自此就越来越多地以大众传播机构和机制为媒介。这种文化媒介化的过程无处不在,而且不可逆转。……这一过程今天仍在我们身边继续,并改变着我们当下生活的世界。(Thompson 1990, 162)

从 1450 年新的印刷技术在欧洲传播开来,到商业印刷产业的扩张,接着是商业报刊的发展壮大,再到 20 世纪广播行业的发展,意义生成的过程已然发生根本性的变化。同样的转变也出现在世界上其他地方：例如，池上英子（Eiko Ikegami）描述了日本的出版业如何在 1600 年后蓬勃发展，并称之为德川时代的"信息革命"（Ikegami 2005，286-323；另见 Haveman 2015）。

根据汤普森的分析，大众传播中的意义建构共有四个重要而显著的特征。第一，与我们在第三章中看到的互动中的意义生成相比，符号产品的生产和传播是在组织机构和市场范围内制度化的，因此其规模要大得多。第二，在"符号产品的生产和接受之间存在着根本性的断裂"。与面对面的互动过程不同的是，人们读取意义的语境可能与意义产生的语境大相径庭。第三，与互动中的意义生成相比，符号形式可以在更多不同的地点和时间获取。第四，与互动中的意义生成相比，大众传播中符号形式的流通具有越来越强的公众性（public）（Thompson 1990，220，218-225）。这场深刻变革的基本轮廓今天依然清晰可见，尽管当下流行的社交媒体表面上的个性化定制和共同创作又增添了一层新的制约因素和可能性。所以，如果说很久以前我们的意义体验主要是互动式的，那么现在我们的大部分意义体验都是以更加有距离感且更加媒介化的方式产生的。

批判理论家马克斯·霍克海默（Max Horkheimer）和西奥多·阿多诺（Theodor Adorno），属于最早一批对大众传播领域的根本性变革所带来的巨大文化冲击进行反思的学者，他们聚焦于20世纪涌现出的电影、唱片、广播和电视等大众媒体。在他们看来，产业集中背景下的大型企业正在为资本主义市场大规模生产文化，而这就意味着现代社会中意识形态统治呈指数级增长。他们同时指出，当艺术和娱乐变成了面向大众市场的商品，并且在进行合理化经营的大型企业中被批量生产时，符号形式就会变成公式化的商品，缺乏想象力且丧失了所有的批判性锋芒："机械性差异化的产品最终被证明在根本上没有太大的区别。每个对汽车款式具有浓厚兴趣的孩子都会惊讶地发现，原来克莱斯勒的汽车系列与通用汽车的各种型号之间基本上不存在什么本质的差异……。其实华纳兄弟公司和米高梅公司制作的影片也是如此。"在霍克海默和阿多诺看来，受众已经变成依赖大众文化产品的被动消费者，他们墨守成规，缺乏批判精神。然而，无论消费者是否具有思辨能力，"文化工业中的广告所取得的最大胜利"就在于，消费者"即使看穿了广告的目的，也不得不购买和使用它推销的产品"（Horkheimer and Adorno 1972 [1944]，123，167）。

这些批评在今天看来依然适用，特别是当我们考虑到当下的"监控资本主义"（surveillance capitalism）（Zuboff 2018）正在通过社交媒体的流行而变得日益强大。尽管如此，后来的文化社会学家还是对霍克海默和阿多诺修正版本的"反映论"发起了挑战。他们认为，修正过的反映论依然过于笼统，并且忽视了具体文化生产、流通和受众接受过程中可能出现的各种不同情况。例如，保罗·迪马乔（DiMaggio 1977）"从组织机构层面对大众文化理论进行了重新诠释"，并发现不同的资本主义市场条件会孕育不同的文化创新和文化多样性。这些条件中当然包括霍克海默和阿多诺及其他许多人所指出的使文化变得同质化的集中垄断机制，但同时也包括为细分市场进行的差异化生产，以及在竞争性市场环境中，以独立经纪人为媒介，由艺术家和组织管理层共同创造的具有独创性和多样化的符号形式。同样，对于批判理论隐含的另一假设，即受众始终是被动的，且受众群体对文化产品的"接受"（audience reception）是无差别的，文化社会学家也提出了自己的质疑（Bielby and Bielby 2004；Fiske 1992）。由此看来，尽管许多大规模生产的符号形式可以被解释为资本主义生产组织的"反映"，但组织生产的具体方式也不容忽视，而总体反映论似乎无法捕捉到这样的差异。即便是批量生产的音乐或电影，其中也有可能出现与众不同的作品，同样，观众也并非完全没有能力对作品进行创造性解读。

总的来说，文化社会学家至少提出了三条重要的分析思路，这些思路能够更加清楚地说明文化如何受到社会历史背景的影响，同时也不至于做出类似"反映论"的过分笼统的概括。首先，不少学者转向了历史社会学，对社会历史背景下的文化再生产和变迁（cultural reproduction and change）问题进行实证研究和理论阐释。这些研究表明，语境与文化之间的关系应被分析为复杂的接合（articulation）关系，而不是反映关系。其次，一部分分析者在文化生产（production-of-culture）研究中借鉴了组织社会学的观点，比如前文提到的彼得森和迪马乔。最后，或许也是最有影响力的一点，文化社会学家常常借鉴并依赖皮埃尔·布尔迪厄提出的场域理论（field theory），对文化的社会历史语境进行解读。这里提到的每一种思路，都为我们理解文化如何受到社会历史背景的影响提供了一种更加具体的方式。

文化再生产、文化变迁和"接合"问题

围绕意义如何受到周围社会环境的影响这一课题有一系列研究，它们将文化社会学和历史社会学结合在一起。（关于历史社会学，请参见 Adams et al. 2005；Lachmann 2013。）比起关注其他领域的社会学者，文化社会学家往往更能认真对待历史。由于认识到文化现象在本质上始终是历史性的，他们经常将历史研究作为其理论和方法假设以及实证研究的核心。他们追问文化权力是如何随着时间的推移而得以再生产的，文化变迁又是如何

成为可能的，其中包括为我们带来现代性（或许，还有后现代性[Gottdiener 1995；Jameson 1984]）的大规模历史变革。

举例来说，为解答"意义生成如何受到社会环境影响"这一问题，文化社会学早期最为全面的研究之一来自罗伯特·伍思诺（Robert Wuthnow），他尝试超越简单的反映论，辨析出社会塑造重大文化创新的三种不同条件组合：第一组条件能够生产出新的政治、文化或宗教思想；第二组条件决定着这些创新中哪些部分能够得到广泛传播；第三组条件则影响着哪些创新能够被成功制度化，从而得以持续存在下去。通过分析欧洲社会经历过的三次大规模文化创新——宗教改革、启蒙运动和19世纪的社会主义运动，他发现了在其中发挥作用的一系列影响因素，包括资源的增长、有利于文化生产和选择的制度/机构，以及积极构建立足于现有文化形式而又有所超越的话语场域。最重要的是，他的深入研究揭示出，"认真思考意识形态产品得以生产和传播的真实环境是有学术价值的，研究不能仅仅停留在找出意识形态模式与社会环境的广泛特征之间的一般性联系的层面"（Wuthnow 1989，3，541）。能够最准确地描述他所研究的这些历史进程的标签是"接合"，而不是"反映"。

大约在同一时期，威廉·休厄尔（Sewell 1992）提出了一个相似的问题：在强大的社会结构和意识形态的统治下，我们如何

第四章 生产意义

实现变革。他延续了安东尼·吉登斯（Anthony Giddens）和皮埃尔·布尔迪厄提出的社会理论，指出尽管文化图式是社会结构不可或缺的组成部分，变革依然可能，而其中的部分原因恰恰在于文化图式是可以转换到新的、意想不到的环境中继续发挥作用的，而且表面上固定不变的社会资源也可能具有多重含义。因此，思想并不总是社会结构的单纯映射，积极的意义生成过程有时是具有不确定性的。也正因为如此，法国大革命中的攻占巴士底狱才能重新定义符号（re-signification），从而构建出法国政治文化中的全新范畴（Sewell 1996）。

历史背景与文化变迁之间的"接合"问题引起了文化社会学家的广泛兴趣，他们的研究加深了我们对政治进程、经济活动、流行文化和艺术等诸多领域的理解。部分文化社会学者关注国家形成等重大且长期的政治进程（例如，Norton 2014a；Reed 2019；Steinmetz 1999；Xu and Gorski 2010）、殖民主义（Mukerji 2016，73–90；Steinmetz 2007）、国家认同/国族建构（如 Bonikowski 2016；Elgenius 2011；Greenfeld 1992）和民主化进程（Alexander 2006；Fishman and Lizardo 2013）。回顾一个之前提过的例子，池上英子（Ikegami 2005）的研究揭示出，日本社会从封建等级制度向现代民族国家的历史转变，是伴随着结社型公众群体（associational publics）的崛起而发生的，在这一进程中同样发挥积极作用的还有当时的共同艺术实践形式，如诗歌朗诵会，正是这些共同艺术实践使得身份等级制度进一步弱化。我的一项研究（Spillman 1997）着眼比池上研究的时代晚很多的年代，探讨了当时美国和澳大利亚两个国家中原本有利益冲突的不同群体如何逐步建构出各自共有的"国民性"（nationalities）的，同时也比较了这两个国家曾经面对的不同历史挑战如何塑造了它们各自国民性所包含的不同意义（另见 Spillman and Faeges 2005）。罗伯特·菲什曼（Fishman 2019）的一项研究则聚焦于葡萄牙和西班牙，比较了两个国家 20 世纪末经历的不同民主化进程如何影响它们数十年后各自实施的不同国家经济政策。上述这些研究以及许多其他类似的研究都在努力理解大规模的文化再生产和文化变迁过程，它们采用的方法都是寻找社会历史背景与意义生成之间的特定接合过程并将其理论化，而不是想当然地把这个过程视为单纯的反映过程。

文化社会学家还常常分析历史背景如何影响特定政治事件和政治运动中的意义建构。比如，在我们当代生活中发挥重要影响的不仅有被维多利亚时代的英国改革者重新诠释的社会正义概念（Strand 2015），也有 20 世纪后期在欧洲兴起的民粹主义思潮和运动（Berezin 2009）。克里斯蒂娜·西姆科（Simko 2015）的研究发现，每当美国经历全国性哀悼事件，如暗杀事件或恐怖袭击，社会中都会发展出两种不同的话语风格——二元对立式（dualistic）和悲剧式。艾伦·贝里（Berrey 2015）则探讨了在美国不同的组织环境中，鼓励种族多样性的言辞实际上是如何形成的，又是如何被自相矛盾地削弱的。

与此同时，越来越多针对产业和市场的研究也表明，与"反映"论相比，"接合"概念更能帮助我们理解和解释经济文化（Spillman 2012a，159-166）。威廉·罗伊（William Roy）的一项研究探究了工业企业如何成为现代社会中一种占据主流地位的组织形式，指出"正是制度催生了人们习以为常的范畴，而这些范畴则会将频繁重复的社会实践具化（reify）为'实际的存在'（things），如货币、市场、公司等"（Roy 1997，140）。尽管同是经济范畴，在不同国家却呈现出相当的差异性。例如，弗兰克·多宾（Dobbin 1994）通过比较铁路工业在英国、法国和美国的兴起，揭示出不同社会历史背景如何让人们对"效率"问题产生大相径庭的看法。同样，通过将"经济现象视为文化现象"，尼娜·班德尔（Bandelj 2008）的研究发现，在20世纪末，伴随着全球化，东欧国家纷纷经历了外国投资的增长，但同样的增长在不同国家却引出不同的解读，并最终导致不同的应对方式。

消费市场也是一种文化建构，它的出现源于交换对象被赋予新的价值。消费主义，以及对消费主义的批判，在20世纪已经成为一股重要的文化力量（Lury 2011；Warde 2015；Zelizer 2005），因此，在不同社会历史背景下消费市场如何产生和发生变革也是文化社会学家经常研究的话题。例如，维维安娜·泽利泽（Zelizer 1983）的研究告诉我们，人寿保险险种最初上市的时候，曾受到消费者的强烈抵制，因为人们非常忌讳"为死亡做准备"，也无法接受要为生命计价的情况，面对这样的观念，保险公司只能通过强调家庭责任等方式来应对。（请参见 Chan 2012，可了解保险市场中出现的不同文化框架。）再比如，劳拉·米勒（Miller 2006）的研究追溯了 20 世纪图书零售业对读者人群的定位，发现在不同定位之间存在着不少矛盾和冲突；丹尼尔·库克（Cook 2004）追溯了 20 世纪初期将儿童纳入消费者群体的市场行为；塔德·斯科特尼基（Skotnicki 2017）则分析了批评家如何评论和应对同一时期消费市场的兴起。

上述研究都聚焦于社会历史背景如何以不同方式与经济文化"接合"，这也与那些从文化视角出发的经济社会学研究相契合。例如，尼尔·弗利格斯坦（Neil Fligstein）曾提出"市场的政治文化理论"，指出我们可以将市场视为一种涉及产权、治理结构、控制理念和交换规则等多个方面的文化项目（Fligstein 2001，70）。延斯·贝克特（Jens Beckert）则发现，资本主义发展的动力在许多方面都依赖对未来的预期，而这种预期是由各种话语和传播实践所塑造的（Beckert 2016，13-14）。可以说，上述理论以及经济社会学的其他一些最新理论，都有效地利用了源自文化社会学的对简单化的意识形态反映论的质疑和挑战。

当然，关注社会历史背景下的意义生成的文化社会学家，也会对大众文化、媒体和艺术领域产生浓厚的研究兴趣。这也是霍克海默和阿多诺等批判理论家所关注的核心问题（后续的研究远比之前提到过的他们影响深远的论述要更加深入）。正如他们的同事利奥·洛文塔尔（Leo Lowenthal）在20世纪中期所指出的，"大众文化本身属于一种历史现象"，受众的反应是"由[他们各自的]……历史和社会命运预先塑造并预先结构化的"（Lowenthal 1950，332）。比如说，他自己的一项研究就发现，在20世纪上半叶，随着消费社会的兴起，流行杂志刊登的传记故事发生了从工作领域向休闲领域的转型，用"消费型英雄"取代了早期故事中的"生产型英雄"（Lowenthal 1961）。

当代文化社会学家在研究社会历史背景如何塑造流行文化时，不仅为社会学者，也为广大民众理解自己喜闻乐见的文化形式提供了全新视角（Darnesi 2019；Grazian 2017；Kidd 2014）。仅以音乐流派为例，说唱（rap）音乐爱好者就能从詹妮弗·莱纳（Lena 2012）的一项研究中获得不少启发，在研究中，她揭示了本地音乐制作人与音乐产业如何相互作用，最终促成了说唱音乐的兴起。威廉·罗伊（Roy 2010）的研究显示，20世纪风起云涌的社会运动如何以不同方式推广了美国民谣音乐（folk music），让它在社会中流行起来。理查德·彼得森（Peterson 1997）的研究则表明，与民谣音乐不同，乡村音乐（country music）的流行是不断变化的产业组织形式、表演风格以及听众等各种因素彼此接合的产物。保罗·洛佩斯（Lopes 2002）则展示了音乐家、乐迷和其他群体如何在20世纪中期将爵士乐从流行音乐转变为真正的艺术（art）。可以看出，这些研究都深度关切社会历史背景与音乐的形式内容接合的具体语境，以及社会历史背景对音乐的影响如何不断发生变化。

如果你了解爵士乐的社会历史，那么你肯定知道"流行文化"与"艺术"之间的符号边界一直在变化且总是具有争议性的。这个现象向关注社会背景、接合与文化变迁的社会学家提出了一系列核心问题，也催生出不少代表性著作（Crane 1992a；Gans 1974）。这个重要的符号边界究竟是如何划定的，划定之后又会发生怎样的变化？到底什么才可被归类为艺术，这个范畴为何在实践中总是难以清晰界定？举例来说，保罗·迪马乔发现，在美国社会中，"高雅（high）文化与大众（popular）文化之间的区分……大约出现在1850年至1900年间，而这种区分其实是当时的社会精英努力构建的结果，精英试图建立起一种组织形式，以

第四章 生产意义

便既将高雅文化界定为一个独立的领域,又能将这个领域与大众文化区隔开来"(DiMaggio 1982,33;另见 DiMaggio 1992)。与此类似,施恩·鲍曼(Baumann 2001,2007)探究了,在 20 世纪中叶,电影为何以及如何既被视为一种艺术形式,同时也被当作一种流行文化。可见,持续发生的、活跃的文化生产,在有些情况下能够帮助维持那些贴着艺术标签或大众文化标签的文化形式之间的符号边界,但在有些情况下也可能对符号边界产生削弱和破坏作用。

文化社会学家还会研究艺术本身(无论艺术如何定义)怎样与社会历史背景接合,并特别注意避免陷入过于简单的反映论解释,他们清楚地认识到审美领域(aesthetic)所具有的自主性(autonomous),并试图详尽描述美学领域与社会组织之间实现接合的历史进程(Alexander 2003;Alexander and Bowler 2014;de la Fuente 2007;Eyerman and McCormick 2006;Zolberg 1990)。在此过程中,他们往往会探索那些在历史上出名的"艺术圈"(art worlds)(Becker 1982)。例如,哈里森·怀特和辛西娅·怀特(White and White 1993 [1965])分析了法国 19 世纪末不断变化的社会安排(social arrangements)如何促成了印象派等新艺术形式的兴起。同样,通过分析四百多名艺术家的个人关系网络或组织归属,戴安娜·克兰(Crane 1987)指出,正是艺术界疆域的扩展和视觉艺术家所处社会背景的变化，使战后的纽约成为千变万化的"前卫"(avant-garde) 艺术流派的发源地，比如抽象表现主义 (abstract expressionism) 和波普艺术 (pop art)。聚焦于艺术圈的边界变化也有助于我们分析所谓的"非主流艺术"(outsider art[12])，即存在于现有的常规惯例或传统范围之外的艺术，如何被艺术殿堂所接纳 (Zolberg 2015；另见 Fine 2004；Zolberg and Cherbo 1997)，以及不同时期人们对视觉艺术家的自我美学认知与评价的不同理解 (Gerber 2017)。当然，艺术社会学也探讨社会历史背景与其他审美形式的接合问题，包括古典音乐（如 DeNora 1991；McCormick 2015）和文学（如 Childress 2017；Corse 1997；Griswold 1981，2000，2008）。

到目前为止，我们已经看到，文化社会学家有很多种方式可以探索社会历史背景如何塑造符号形式。他们在诸多领域，如各种类型的政治文化、经济文化、大众文化和艺术领域，都贡献了系统而深入的研究，这些不仅突破了笼统的"反映论"，而且对嵌入历史的特定时刻以及具体的"接合"过程进行了细致入微的分析。

---

12 "Outsider art"有多种译法，如"局外艺术""域外艺术""素人艺术""原生艺术"等，在当下的语境中，"非主流艺术"似乎能够比较全面地涵盖作者想要强调的划定艺术圈的符号边界概念。——译者

以历史为主要切入点的（historicized，即历史化）文化社会学分支取得了丰硕的研究成果，同时也为探究社会背景与意义生成之间的接合问题提供了独特的方法，但当人们提及文化社会学时，这一分支常常没有受到应有的重视。诚然，本书所讨论的其他文化研究分支也可能在某种程度上包含历史元素，而且这些方法并不相互排斥。但是，我们在这里介绍的所有与意义生成的社会历史背景有关的研究，研究方法和手段主要来自历史社会学领域，就其影响的广度和深度来说，应该承认这是文化社会学中的一个独立子领域。

文化的生产

当然，专属文化社会学的独特分析视角，如"文化生产"和"场域"思路，也对探寻社会背景和意义生成之间的关系做出了相应的贡献。与上述研究一样，这类视角通常也会利用历史事实，但同时会更侧重具体分析社会历史背景下对于理解意义生成格外重要的普遍特质。

文化生产视角以分析社会历史背景对大众文化和艺术领域形成的影响而著称，不过也会延伸到诸如科学或宗教等相关文化领域（Crane 1992b）。这一视角鼓励我们思考特定组织形式在文化生产过程中发挥的各种各样的作用。例如，我们在上文已经看到产业变革如何促进摇滚乐的兴起，以及不同的文化产业（文化工业）能够怎样塑造大众文化的多样性和创新性。组织社会学的分析方法和成果可以用来解释文化形式所呈现出的各种变化。很显然，这一视角提出的主要目的之一是应对总体反映论的局限性，"对当时占据主导地位的文化与社会结构互为镜像的观点提出挑战"（Peterson and Anand 2004，311）。

采用文化生产视角的理论家会依据影响符号生产的中层组织过程（mid-range organizational processes）来对文化形式进行比较和区分，一个很好的例子是上文提到的迪马乔从组织视角对大众文化进行的重新诠释。同样，保罗·赫希（Hirsch 1972）有关产业联系的研究揭示了艺术家与文化产业之间的经纪人群体如何影响大众文化的生产；戴安娜·克兰（Crane 1976）则在著作中展示了在"无形学院"（invisible college）中通行的不同奖励制度如何会创生出不同种类的科学知识；再比如，霍华德·贝克尔（Becker 1982）认为，我们可以将艺术视为通过不同类型的合作联系（或网络）和常规惯例（或某种特定的体裁规范）发展而来的"集体行动"，这样的集体行动会受到各种支持、分配、评价和监管体系的影响。

因此，虽然我们常常以有特定需求和品味的消费者角色去体验象征性符号及文化产品，文化社会学家更加关注的是影响供给端的组织因素，而不是影响需求端的受众群体。技术变革被普遍认为是文化生产的一个重要方面：例如，新技术的出现往往会开辟出新的文化领域并刺激对新内容的需求。我们之前曾提到过彼得森有关摇滚乐兴起的研究，可以说，他的研究呈现的发展进程，即电视的引入释放更多的广播频道并由此创造出更多的播放空间，在今天的数字时代也经常重演，比如当下流媒体平台的快速发展就为从未出现过或处于边缘位置的内容创造了更广阔的传播空间（同样的进程也可以在更久远的历史中找到踪迹，例如当初印刷术的发明 [Eisenstein 1980]）。同样，市场，特别是由生产者进行分类和评估的市场，如行业排名（Anand and Peterson 2000），也是影响多种文化生产形式的另一个公认的主要因素。

除了技术和市场等公认的影响因素外，还有一些重要的"供应方"因素也同样影响着我们能接触到的符号产品的性质，这些因素包括：

法律和监管（law and regulation）：文化生产机构是如何被监管的？例如，如何规定生产资料（如动画软件或印刷机）的所有权和许可权？如何建立和规定发行体系，如广播许可证或有线电视频道？这些规定对主流文化形式有何影响？有没有制约媒体垄断的有效规定？版权规定和知识产权法如何影响到艺术家创作的动力？法律和法规是否会直接限制特定类型的创作内容？在这些意义上，法律和监管设定了"影响创意领域发展的基本规则"（Peterson and Anand 2004，315）。温迪·格里斯伍德（Griswold 1981）在研究中发现，尽管人们常常认为19世纪的美国小说家书写西部拓荒（frontier）题材只是在反映自身所处的社会现实，而实际的情况是，由于没有版权保护，英国的社会风俗小说（English novels of manners）对美国出版商来说更加物美价廉（这使得当时的美国作家在体裁选择上并没有太多的主动权），而19世纪末引入版权保护后，美国小说和英国小说的主题便开始趋于一致。大约一个世纪后的20世纪90年代，通过限定嘻哈音乐（hip-hop）中的大量采样伴奏（sampling），版权法再次改变了文化内容的生产（Grazian 2017，106）。显然，公共讨论中永远都少不了有关文化法规的各种问题：媒体公司是否应该合并？应该如何制定审查规则用以删除YouTube上那些让人感到不适的视频内容？社会对于这些问题给出的答案始终是变化的，人们熟悉的文化形式也会随之发生改变。

产业结构（industry structure）：以流行音乐和电视节目为代表的文化产品或多或少都具有一定的创新性和多样性，创新性和多样性的多少则取决于产业结构，比如，产业是高度集中化和一体化的，还是由许多规模较小、相互竞争的生产商组成的，或者是介于两者之间的。理查德·彼得森和戴维·伯格（Peterson and Berger 1975）在研究中发现了一种"符号生产周期"，即在产业集中制下形成的同质化趋势与竞争和多样化趋势交替出现。保罗·赫希（Hirsch 1972）和保罗·迪马乔（DiMaggio 1977）都曾指出，那些居于艺术家、媒体公司和市场之间的经纪人和守门人群体能够有力地影响大众市场上文化形式的多样性。即便是当下小规模网络"场景"中所进行的文化生产和传播，已经远远超越20世纪文化产业的可能性，有关产业结构如何塑造流行文化内容的新问题还会不断涌现。

例如，随着艺人现在可以更直接地与歌迷进行互动，负责对接艺人与唱片公司（record labels）的A&R（Artists and Repertoire，艺人与制作部门）经纪人的作用已经发生了很大变化；不过，与此同时，A&R经纪人的角色也因此变得更为多元，他们可以直接发掘、管理和推广旗下的艺人（www.careersinmusic.com/what-is-a-r/；Lampel et al. 2000）。因此，像彼得森、赫希和迪马乔这样的文化社会学家都在预测，随着经纪人角色的改变，流行音乐的创新性和多样性会变得越来越强。

同时，在各文化产业之间还存在着通行的"控制理念"

(conception of control)，或者说是获得成功的最佳战略规范（Fligstein 2001）。文化产业的控制理念通常旨在管理市场的不确定性。过度生产（overproduction）策略，即希望通过少数无法预知的"大片"获得成功来维持产业的生存，是文化产业中一种被普遍接受、能够最大限度减少不确定性的常用策略。其他常见策略还包括对"重组逻辑"（recombinant logic）的依赖（Gitlin 2000）、体裁公式化（formulaic genres）、衍生产品（spinoffs）的开发和对艺人知名度（name recognition）的利用（Bielby and Bielby 1994）。

组织结构（organizational structure）：文化社会学家一般认为，科层化（bureaucratic）、等级化和功能差异化程度较高的组织，能够在较长时间内对标准化产品进行有效的大规模生产和销售，如教科书或电影衍生产品。而多样灵活的小型组织，如"工作坊"（job-shops）或独立制作人等，则更适合规模较小、更具创新性的"工匠式"（craft）生产。举例来说，在20世纪30年代到80年代，漫画书的出版和发行主要面对大众市场，因此它们的生产是以工业化规模的流水线来组织的，通常会有数十名作家和艺术家同时参与多部作品的创作。而后来，当漫画书演变成一种代表反叛文化的艺术形式（counter-cultural art），它们的生产则变成了"独立出版人"和"高薪聘请的漫画大师"的工作（Lopes

2009，12-13，102-103）。

然而，大型企业也可以通过多个独立的分支机构来避免其组织的同质化效应，同时还能获得跨部门推广等规模优势（Lampel et al. 2000；Lopes 1992）。因此，现在许多文化产业既包括规模较大、功能更加分化的大型企业，也包括以工匠式生产和创新为主旨的独立生产者群体。比如，今天的图书出版业往往由不同类型的多个组织共同构成，采取的是一种兼容并蓄的"'联邦'（federal）模式，允许企业集团内部不同且具有自主品牌的出版公司打造各自独特的身份定位"，同时也涵盖一群"行政层级较少"（fewer bureaucratic levels）的独立出版商，这些出版商"有时会把校对、封面设计任务和部分发行业务外包出去"（Childress 2017，118，119）。

职业生涯（occupational careers）：从业者的职业生涯是由文化组织和产业内部实施的奖励机制决定的。一方面，渴望在艺术和娱乐行业工作的从业者远远多于能够在该行业持续发展的从业者。另一方面，许多文化产业需要依靠灵活的劳动力市场来对不确定因素进行战略管理。面对这类供过于求且具有高度灵活性的劳动力市场，从业者的职业生涯往往具有这些特点：通常签订的是基于项目周期的临时性短期合同，具有较高的工作流动性；工作机会高度依赖就业者个人的声誉口碑（repetitional signals）、同行网络关系和赞助方；就业者必须同时具备多种资质经验以对冲职业风险；职业发展机会一般集聚在城市空间（例如，Lingo and Tepper 2013；Mears 2011；Menger 1999；Rossman et al. 2010）。总而言之，文化生产领域的职业生涯基本上同时结合了专业人士和小型企业家必须具备的所有资质特征。事实上，正如皮埃尔-米歇尔·门格尔（Pierre-Michel Menger）所言，演艺领域灵活的劳动力市场预示着，临时性和灵活性的工作关系也会在其他产业领域进一步流行和推广（Menger 1999, 548）。在艺术家和其他行业参与者之间充当媒介的经纪人群体也塑造着从业者的职业生涯。比如，研究者注意到，电视剧编剧与自己的经纪公司之间存在不少矛盾冲突，原因是前者发现，本应为他们谋求最大利益的经纪公司却把编剧与公司的其他客户（比如导演、演员等）一起"打包"卖给制片公司，以便赚取打包费用（Koblin 2019；参见Bielby and Bielby 1999）。

对上述所有这些因素的研究同样扩展到了说明文化生产领域的一些重要趋势，如数字联合生产和全球化。

首先，有兴趣研究文化生产的社会学家已经不再把他们的关注重心局限于文化产业。例如，詹妮弗·莱纳（Lena 2012）在研究中根据不同的组织类型（types of organization）区分了四种音乐流派，除了"基于产业"（industry-based）的文化生产模式，她还分别分析了"传统主义"（traditionalist）、"先锋派"（avant-garde）和"基于场景"（scene-based）等不同组织形式。传统主义组织形式通常在俱乐部、协会、节日庆典、旅游和教育机构等环境中呈现，目的是传承理想化的文化遗产。先锋派组织形式常常出现在本地或基于互联网的创意网络中，以实验和创新为目标。基于场景的组织形式也会出现在本地社区和虚拟社区中，通常以亚文化风格的构筑为中心形成自己的社区。这个分析框架易于扩展应用到音乐以外的其他文化形式，同时也将针对文化生产的分析从以产业为基础的生产领域扩展到了非营利环境（如协会、俱乐部和学术界）以及互动性的亚文化领域。

在某种程度上，我们可以把互动性亚文化中的所有意义生成看作一种"共同生产"（co-production）（Peterson and Anand 2004，324），虽然我们在第三章讨论的"互动中的文化"（culture-in-interaction）路径已经为分析大多数亚文化群体中的意义生成（包括消费者和粉丝群体中的意义生成）提供了更精准的概念工具，但随着基于场景的音乐文化生产和其他更多符号形式在虚拟世界里迅速增长和扩散，学者们越来越清楚意识到，探究"共同生产"模式与文化产业之间千丝万缕的联系将会成为一个非常重要的研究趋势。比如说，像"地下卧室流行乐"（underground bedroom pop）这样的音乐场景，通常指一种由十几岁的女孩打造的音乐亚文化，其主要表达方式为家中自制的低保真（lo-fi）音乐视频，已经开始吸引音乐产业经纪人的注意："一位一直对此潮流保持密切关注的 A&R 经纪人预测道：过不了多久应该就会有唱片公司尝试发掘出一位代表低保真审美潮流的新型流行艺人。"（Petridis 2019）

其次，还有一个重要议题是全球化或国际化（trans-national）文化生产与传播。长久以来，媒体学者和政策制定者一直非常关注"媒体帝国主义"（media imperialism）问题，他们担心电影和音乐等文化产品的出口由于规模经济而破坏当地文化生产的环境。另一个长期存在的问题则扭转了潜在的影响方向：全球市场能够带来的巨大收益，使得好莱坞制片人更加倾向于制作易于传播但较为肤浅的动作大片或肥皂剧，而不垂青那些不易翻译、需要通过语言塑造人物形象或表达幽默的影片类型。当然，"文化的生产和传播从来都不是以不受约束的方式进行的"，所以我们还需要对法律政策、产业结构以及组织结构之间的关系进行具体研究（Bielby 2010，592）。例如，吉塞琳德·库珀斯（Kuipers 2015）的研究就探讨了不同的国家机构和翻译规范如何影响跨国文化传播的效果。丹尼丝·贝尔比和 C. 李·哈灵顿则揭示了电视节目如何面向国际买家进行联合销售，他们在研究中探索全球联合销售活动和组织的内部运作，辨析出其中能够"促进或阻碍电视节目及相关概念在全球联合销售的各种因素"（Bielby and Harrington 2008，20）。此外，学者们也意识到，比起笼统的全球化，全球区域，如南亚地区或拉丁美洲地区，或许是用来研究文化生产和传播的更好的分析单位（Bielby 2010；Crane 2002）。

综上所述，为研究文化的生产，文化社会学家试图辨识出社会大环境中能够塑造文化结果的具体特征，特别是当代大众文化生产领域的具体特征。他们也会格外关注一些具有影响力的中间因素，包括法律和监管、产业结构、组织结构和职业生涯，这些因素往往缺席于总体反映论的思考，也很少出现在公众的日常讨论中。沿着这个思路，文化社会学家对艺术和大众文化领域呈现出来的各种变化和变迁做出了更加准确的解读，因为这些变化和变迁既无法用反映论完全概括，也不能简单地用受众需求来解释。

文化场域

同样是以理解社会文化环境如何影响意义生成为目的，如果说文化生产视角的重心在于通过呈现其包含或排除的内容来揭示生产的组织形式，那么场域理论则拓宽了文化社会学家的研究视野，使他们能在更广泛的范围内检视解释意义生成的相关社会文化环境。这两种方法在摒弃总体反映论和发展中层理论方面有相似和相通之处，但它们各自的方式略有不同。

场域理论本身也有多种不同的思路（Fligstein and McAdam 2012，23-31，209-215；Martin 2003；Sallaz and Zavisca 2007），其中之一便是新制度主义（neo-institutionalism）。这里所说的新制度主义最初出现于组织社会学（DiMaggio and Powell 1991；Spillman 2012b，111-121），主要聚焦于人们习以为常的文化基础设施（cultural infrastructure）（包括认知范畴和地位评价等）构成组织化"场域"（organizational "fields"）的方式，正是"场域"使相关组织以特定方式产生关联。这种从文化角度看组织的视角后来又被进一步发展并纳入最新的"制度逻辑视角"（institutional logics perspective）（Thornton et al. 2012）。

与此同时，对文化和组织感兴趣的学者还提出了"战略行动场域"（strategic action fields）理论，将组织研究的成果与社会运动研究、经济社会学和政治社会学中的观点及实例相结合。他们分析在某个特定场域中当权者与挑战者群体之间存在的、正在呈现出来或已经趋于稳定的关系。场域动态既可能基于合作关系，也可能基于矛盾冲突，而且往往受到外部场域（包括国家）的影

第四章 生产意义 145

响。而文化基础,如"控制理念",则被视为一个场域能否维持稳定或是否发生变化的基本条件和原因。战略行动场域理论最常被用于理解与民权运动等社会运动相关的组织变革以及产业变革（Fligstein and McAdam 2012, 114-163）。

无论如何,在文化社会学中应用最为广泛的依然是布尔迪厄提出的场域理论。和其他场域论一样,布尔迪厄的理论指出,与意义生成关联最紧密的社会文化环境不是宏观的结构性环境,也不是微观的互动性环境,而是中层（mid-range）环境:在某个共同领域（如艺术、科学或专业领域）中,以彼此为导向的个人和群体的组合样态（configuration）。布尔迪厄总结了场域理论如何向"反映论"提出挑战:

> 一方面,文本的内部解读立足于并面向文本本身而思考;另一方面,文本的外部解读试图对文本与总体社会的关系做一种简单粗暴的概括……但两者之间还有一个社会宇宙总是被遗忘,那就是作品生产者的社会宇宙。……我们提到"场域",指的就是这个微观世界,它自身也是一个社会宇宙,只不过这个社会宇宙在一定程度上摆脱了其所处的外部总体社会宇宙中的种种限制,这个宇宙在某种程度上是独立的,它有自己的法则、自己的律法（nomos）、自己的运作规

律，但又不完全独立于外部法则。(Bourdieu 2005，33)

场域的成员对共同活动中的利害关系有着共通的理解，布尔迪厄称之为"illusio"，即一种组织逻辑或总体原则。在某种程度上，他们有着同样熟习的处事方法和解决问题的诀窍（请见第三章关于惯习的讨论）。在这一共同背景下，场域成员之间会有意无意地为地位、声望和合法性展开竞争，也可能竞相尝试确立或改变原有的分配地位的标准。场域行动者在场域中实践和相互竞争，会各自带入不同的物质和思想资源，或经济和文化资本。处于不同等级的场域位置（positions）往往依赖不同的资源组合，也意味着不同的身份地位。场域内部的大部分意义建构可以是独立自主的，只需要被"知情者"（those "in the know"）共享和理解，并往往只关涉场域内部的标准和文化资本。不过在有些情况下，意义的建构也可能并不是完全自主的，而是"他律性的"（heteronomous），或者说会受到外部力量的影响，如资本主义市场或国家。比如说，某个小说家可能本来在作家和文学评论家的圈子中享有盛誉，但因为他为流行电影市场写了一部剧本，虽然挣了大钱，声誉却可能受到贬损。

布尔迪厄不仅为我们了解社会文化环境如何影响意义的生成提供了一种分析工具和一套理论命题，其理论及后续发展更是为我们继续研究不同领域中的文化提供了一系列经典问题、假设和洞见。正如莫妮卡·克劳斯（Krause 2018）所言，多亏了他，现在我们已经可以研究跨越不同范围（从本土到国际层次）的文化场域，可以描述构成特定场域的共享符号秩序，可以探讨和比较场域间自主性的差异，并分析某个场域在任何时间点受到外部力量影响的程度和方式，还可以探究场域内部关系结构的多种形式，辨析其中存在的等级和竞争。

布尔迪厄早期很多有关文化场域的著作聚焦于艺术领域，如19世纪末的法国文学（Bourdieu 1993，1996）。他揭示了艺术场域中的身份地位取决于能否成功利用象征性资本（symbolic capital），对经济标准形成挑战（比如福楼拜曾宣称他只关心纯粹的美学问题），并将艺术场域中的地位与社会阶层关联起来。后来的许多艺术社会学学者继续探索形形色色的地方与国家艺术场域，比如"地下"（underground）说唱音乐圈子（Oware 2014）或德国作家群体（Anheier et al. 1995）。类似研究也进一步扩展到全球艺术领域。例如，莱丽莎·布赫霍尔茨（Buchholz 2018）认为，当代全球视觉艺术领域就可以被看作一个具有代表性的经典布尔迪厄式场域，而其中存在的等级架构具有多个不同维度和动态结构，有些取决于艺术家的象征性地位，有些则取决于市场的核心程度。举例来说，在2012年之前的几十年间，中国在全球视觉艺术拍卖市场的份额迅速攀升，但从展览空间的密集程度来看，美国和欧洲依然在象征性地位方面占据主导优势。

场域分析也能为艺术之外的领域带来新的视角，帮助我们理解任意一种自我建构起来的"社会宇宙"，它"在某种程度上是独立的"，"有自己的法则"（见上文布尔迪厄所言）。例如，瓦妮娜·莱施齐纳对位于纽约和旧金山的高端餐饮业进行了调查，以了解专业烹饪创作的过程。她在研究中发现，与其他许多艺术领域不同，高端餐饮领域是进行面对面互动、地理上受限的空间。同样有别于其他艺术领域的是，在高端餐饮行业，商业和艺术的成功"在很大程度上是融合在一起的"：在这个领域中，自主性并不是完全独立于外部需求，而是要从厨师怎样依靠内部专业原则应对受到市场支配的需求这一角度来理解。厨师们在追求职业发展道路和烹饪风格时，清楚地了解行业内部共同的符号秩序和"游戏规则"（rules of the game）。他们熟知以"风味和独创性"为至高原则的专业逻辑，因为正是这个根本逻辑"构建起烹饪领域的基本坐标，决定着厨师、菜肴和烹饪风格在组织空间中的位置"。同时，他们中的每个人对行业中存在的等级制度和竞争体系也都心知肚明，所以能够从自己当下的位置出发，选择优先考虑用哪些原则来指导自己的行动，从而为自己的行动争取更多的意义和声望（Leschziner 2015，144，8，127，145；参见Ferguson 2004）。

第四章　生产意义　149

显然，文化社会学者对科学领域中的意义生成同样感兴趣（Bourdieu 1975）。在某个特定的学科分支，科学家对于如何为自己的研究争取合法地位了然于心；同时，他们对其中存在的、布尔迪厄所称的"科学权威的垄断"也有清晰的认识。有的科学家会选择承认这些条件，并在条件范围内为自己争取业界的认可，但也有些人会努力改变专业领域已有的边界和定义。亚伦·帕诺夫斯基（Aaron Panofsky）就对其中一个界定长期模糊不清的学科领域即行为遗传学进行了研究，他的研究表明，场域分析有助于我们认识到"所有的专业领域，与其说它们是某种统一思想逐步显现的产物，不如说是一系列围绕何为其边界和定义展开的斗争的结果"。他甚至发现，"随着边界、从属关系和身份的转变，连究竟谁可以算得上是行为遗传学家的标准也会发生变化"（Panofsky 2014，20）。当某些科学知识在公众中引起争议并因此而更容易受到来自外界的影响时，学界中有关这些知识主张的争论往往会涉及各种各样彼此并无关联的参与者。例如，汤姆·韦兹纳斯的研究发现，有关"性"（sexuality）和"性取向转变"（sexual reorientation）的认知主张形成于一个所谓的"治疗领域"（field of therapeutics），这个领域涉及一大批彼此各异的专业群体，如"医学、心理健康（包括精神病学、心理学和社会工作）和神学（尤其是宗教咨询专业）"群体（Waidzunas 2015，25）。

科学领域，无论是否备受争议，其运作的规模可能各不相同，从地区性的直到跨国性的，而与此形成对比的是，大多数主流新闻媒体仍然只在民族国家范围内运行（布尔迪厄的研究也主要聚焦于民族国家）。罗德尼·本森在研究中比较了法国和美国的新闻媒体，以了解不同的社会文化背景如何塑造有关移民话题的新闻报道。他指出，新闻领域通常是一个"由与某个特定地理区域或政治决策机构相关的所有记者和新闻机构组成的宇宙"（Benson 2013，23）。与莱施齐纳的研究相似，本森发现，这一领域并非如布迪厄所言是由自主性力量与他律性力量之间的明确对立构成的，而是由两种外部力量之间的张力塑造的，即公民社会的影响力和市场的影响力。他指出：

> 在这两个国家（美国和法国）中，定义价值和何为卓越的两种逻辑——非市场（亦即公民）逻辑和市场逻辑，时刻都在争夺着主导地位。只不过，在法国，主要由国家资助的公民领域能在更大范围内支配权力，从而也在更大程度上控制新闻领域……。而在美国则正好相反，市场力量在……新闻领域中占据了更大的空间。（Benson 2013，36，48-60）

正因为如此，在法国，新闻报道更多地被视为"辩论合集"（debate

ensemble），即主要呈现为各种不同观点之间的论战，而在美国，新闻报道则往往给人以一种"戏剧性叙事"（dramatic narrative）的总体印象。两国间存在的这种差异有其深刻的历史根源，因为尽管在这两个国家中新闻媒体都面对来自政治、市场和民间力量的外部要求，但它们各自与上述力量的关系位置却截然不同。然而，就其内部结构而言，两国的新闻媒体却有着不少相似之处，新闻从业者和受众的惯习都更偏向于受教育程度较高的群体，这也深刻影响着本森（Benson 2013，16，60-66）研究的有关移民问题的新闻报道的倾向性。

另一个例子也能说明场域理论所涵盖的主题范围，约阿希姆·萨维尔斯伯格通过结合布尔迪厄场域理论的要素，以及上述尼尔·弗利格斯坦和道格·麦克亚当（Fligstein and McAdam 2012）提出的战略行动场域理论，研究了不同领域在面对侵犯人权行为时所做出的不同反应。他比较了三个专业领域和组织对何谓侵犯人权行为做出的不同定义。第一，在人权领域，包括国际刑事法院（ICC）和众多国际非政府组织，侵犯人权的行为被视为一种罪行，因为"刑法的逻辑倾向于将大规模暴力事件归咎于少数个人"。第二，以无国界医生为代表的人道主义组织，"突出人权问题中最能通过援助计划来有效应对的人员受难情况"，同时这些组织也更加"强调（问题存在的）长期条件……并倾向于淡化作为暴力事件的直接前兆和可能条件的政府行为"。第三，外交官群体则更加关注"冲突存在的长期和结构性原因……[并]避免点名责任人"（Savelsberg，2015，267，269，272）。

上述不同领域在理解侵犯人权行为的基本逻辑方面存在差异，是因为它们各自在享有独立于其他政治和社会力量的自主性上存在差异，而这就决定了每个领域所能提供的具体意义生成背景有所不同。与人权组织相比，人道主义组织和外交官群体（且后者更甚），在大规模暴力事件发生的地区需要更多地依赖当地政府："人道主义援助组织要获得地方政府官僚机构的许可，在这种情况下，跨越国界的专业人员之间有可能形成通力合作。而在外交领域，这种依赖性则更为明显，因为外交人员在发生大规模暴力侵权行为的地区，必须得到发生国的政治高层对他们的积极支持"（Savelsberg 2015，272）。萨维尔斯伯格同时还探讨了侵犯人权行为的主导含义如何被上述跨国组织和机构与不同民族国家之间的互动影响。他指出，无论在何种情况下，各个组织和机构的参与者都需要"在追求既定目标（如正义、人道主义与和平）的同时，寻求在各自场域中巩固自己的地位……。也因此，他们需要接纳这一场域……自带世界观中的所有下意识假设"（Savelsberg 2015，278）。

综上所述，在场域理论的影响下，文化社会学家会分析社

第四章 生产意义　153

环境的具体特征如何塑造文化结果，他们的研究涵盖了艺术、科学、专业、政治和经济等各种不同的领域，也跨越了从地区到全球等不同范围。属于同一场域的成员通过共同的场域逻辑彼此关联，而不同场域逻辑各异，也不为局外人所知。同时，各个场域在独立于外部力量影响的程度上也有所不同，各自维持着独有的在自主性和他律性之间的相对平衡。场域的每个成员都为行动带来各不相同的经济和象征性资源，并常常为争夺内部地位而展开激烈竞争。场域是动态变化的，它们与外部力量的关系变动及内部为争夺地位而展开的竞争时刻不停，为界定场域内部利害关系（what is at stake）而发生的斗争也几乎从不停歇。

结 论

社会历史背景是如何影响意义生成的呢？符号形式总是在生产、流通和接受的大环境中产生的。为探索这样的过程，文化社会学家依托于一种强大的、被广泛认同的社会学传统，这种传统假定社会结构决定文化（反映论）。不过，他们也对"反映论"这种过于笼统而单向度的理解提出了自己的挑战，因为"反映论"严重低估了社会环境影响意义生成的过程和结果的诸多变数和多样性，文化社会学家转而探求那些在影响意义生成的过程中起中介作用的中层社会安排。他们在研究中应用了至少三种方式，这三种方式虽然各有千秋但彼此并不矛盾。

首先，与社会学的其他一些领域相比，文化社会学非常重视历史和历史研究，其中有大量研究探讨了文化再生产和文化变迁的问题，这些研究采用的方式往往是深入探究罗伯特·伍思诺所称的社会历史背景与符号形式之间的接合。文化社会学家长期关注并进行系统研究的主题有：以现代性为代表的大规模历史变迁；以国家的形成为代表的长期政治变迁；以民粹主义为代表的政治文化变迁；包括消费市场在内的产业与市场的兴起与变迁；多种不同形式的流行文化与艺术形式的兴起，以及两者之间不断变化的符号边界。

其次，文化社会学家借鉴了组织社会学的观点，提出了文化生产视角。这一视角通过研究各式各样的中层因素如何创生出不同的符号形式，尤其是文化产业产出的符号形式，对反映论提出了挑战。它强调了法律和监管、产业结构、组织结构、职业生涯与技术和市场等因素如何影响符号形式的生产，包括符号形式的种类，以及在不同组合条件下符号形式可能有多少创新性和多样性。文化生产分析往往以一国的大众文化产业为出发点，也可以延伸到其他文化形式，包括艺术；或延伸到产业之外的社会环境，如"场景"（请见第三章中的讨论）；还可以延伸到跨国文化生产和流通体系。

最后，对于很多文化社会学家来说，"场域概念是一种有效的研究工具"，可以用于"对社会客体进行科学建构"（Bourdieu 2005，30）。尽管场域理论有多种不同形式，但对文化社会学影响最大的无疑是皮埃尔·布尔迪厄的场域理论。场域理论与反映论的重要差别在于，它更加关注不同场域的内部运作机理，聚焦于场域如何成为社会结构与符号形式之间的媒介，同时也探究场域如何可能在完全不同的规模（从本地区域到全球范围）上形成并发挥作用。场域被共同的逻辑所定义，也需要得到所有参与者的认可，其相对于外部力量的独立性在程度和性质上（或者说是在他律性／自主性上）也千差万别。场域成员之间彼此关联，并遵循共同的场域逻辑，但他们在参与中可能会引入不同的符号和物质资源（或者说是文化和经济资本）。在这种背景下，成员会为争夺场域中的地位和身份而形成激烈竞争，也会为重新界定场域的重心和边界而斗争。文化社会学家已经把场域理论应用于许多不同类型的艺术与流行文化领域，试图解读这些文化现象如何受到其社会历史背景的影响。场域理论也有助于我们理解在其他各种各样的环境中及在不同规模上发生的意义生成过程，如科学界、某些职业领域（如烹饪和新闻领域）以及人道主义援助领域。

大家应该还记得，在前几章中我们探讨了文化社会学家如何分析符号形式和互动中的意义生成，本章的内容是对之前章节的补充。在本章中，我们介绍了文化社会学家如何以不同的方式探索社会历史背景对意义生成造成的影响。正如我们在第一章中所看到的，所有这些要素，符号形式、互动和社会历史背景，对于我们研究意义的生成都是至关重要的，它们中的每一个都不可或缺，同时它们之间又是相辅相成的关系。本章之后的最后一章将针对贯穿本书的问题，即研究文化社会学我们需要知道些什么，做出总结性回答，我们将介绍如何应用上述三个要素，它们共同为研究意义生成奠定了坚实的基础。

第五章

结论：景观、舞台与场域

什么是文化社会学？纵观本书，我们发现文化社会学家分析的是意义生成的过程。我们在第一章阐述了这个基础，随后便探讨了理解意义生成所需要的三个不可或缺、彼此独立但又相辅相成的视角：分析符号形式、分析互动中的意义生成，以及分析影响意义生成的社会历史大背景。在最后一章中，我们将回顾并梳理所有这些主线，并进一步考虑如何用它们编织出对符号形式的新理解和新解释。我们之前已经举过不少研究例证，涉及从音乐到战争等众多主题，这些研究都展示出上述要素的应用可以帮助我们更好地理解社会中的共同文化假设、令人困惑的文化差异、文化支配（cultural domination）以及文化冲突。

文化社会学的基础和前提

要想更好地理解文化,首要条件就是用心辨识我们如何时刻身处其中。培养自己对社会生活中常见的仪式、符号、评价体系、规范和范畴的高敏感度,是文化社会学的必备技能。其实这种敏感度可以让人立即有所收获,因为我们在日常交往中习以为常的许多东西,比如庆祝活动、服装、音乐品味、说话习惯和对人的看法,都包含上述表达形式。

第二,我们需要意识到文化概念的来龙去脉及其隐含的不同意思,因为文化概念比较复杂,有时甚至可能会让人感到困惑。不同的社会群体甚至是同一群体内部所呈现出来的仪式、符号、评价体系、规范和范畴可以千差万别,而这仅仅是文化谜团的一个开端而已。从历史角度来看,甚至连"文化"一词本身也有多种不同的含义。在英语中,"文化"最初表示的是一个过程,后来被用来指代一个群体所拥有的某种普遍、抽象的属性。然后,作为一个一般性的、抽象的范畴,文化有时可用来表示独立于政治或经济领域的表达活动的领域,有时也可用来表示某一个群体的整体生活方式。文化社会学家可以从这两种意义上对文化进行研究,但是,为避免不必要的混淆,我们必须首先意识到文化一词发展的历史脉络。

第三，对社会学传统的了解和反思，有助于我们更好地理解文化社会学家如何在学科中确定自己工作的位置。在这门学科（与人类学等其他学科不同）中，"文化"的概念直到20世纪晚期仍旧是模糊不清的。早期社会学理论家提出的概念，如意识形态、集体意识和诠释，以不同的方式承载了"文化"概念的部分内容。伯格和卢克曼在60年代出版的经典著作《现实的社会建构》(*The Social Construction of Reality*)，在某种程度上相当于在社会学传统基础上建立起一种文化理论，他们笔下的"社会建构主义"为我们思索文化现象提供了广为人知的语汇。但是，深刻的社会学争议和模糊性依然存在。社会学家争论的焦点包括，我们是应该强调冲突还是共识，是应该关注客观结构还是主观能动性，是应该倾向于对事物进行诠释还是对其原因做出解释。意识到这些问题非常重要，因为对于不熟悉文化社会学发展的社会学家来说，这些问题有时仍会引发他们对分析"文化"的社会学价值的怀疑。熟悉文化社会学领域的最新发展有助于消除此类疑惑。

认识到这些潜在的社会学争论和主题也有助于我们了解，同其他文化学者相比，文化社会学家对哪类问题更感兴趣，比如文化社会学家会更关注与集体身份、阶级污名、社会运动叙事、文化产业或政治展演相关的问题。我们在前几章中已经看到，有关这些主题和其他主题的研究其实都与社会学传统中对于文化的研究兴趣相契合。

第四，所有这些历史上的模糊性都表明，任何可行的文化概念都应考虑到连贯性中存在的复杂性，而把文化定义为意义生成的过程恰恰可以提供这样一个逻辑统一而又足够包容的概念。通过将文化视为意义生成的过程，我们可以避免将其视作一个抽象而笼统的客体存在，同时我们也能纳入两种较早时期的定义：文化是一个独立存在的社会领域，以及它可以代表整个群体的属性。文化的概念能够包容各种不同的过程，如仪式化、象征化、评估、规范性行动和分类，以及文化社会学家可能确认的其他任何过程。它能帮助我们超越学术争论，探讨现实世界中的共识、支配和冲突问题，以及真实生活中意义生成的客观结构和主观能动性的关系。此外，它还能帮助我们对符号形式的意义进行解读并解释其成因。因此，将文化视为意义生成的过程为社会学研究提供了逻辑统一的概念基础，同时也为现实世界和理论的复杂性留出了足够的空间。

第五，文化概念的这种广度也并不是无限的。文化社会学家当然也意识到人类创造意义的能力是普遍相通的，同时建构意义是所有人类群体和人类行动的核心组成部分。但是，文化过程并不能完全还原为生物过程，也不能还原为个体主观的心理体验，同时，它们也不能像"反映论"曾经假设的那样，完全被其所处的广大社会结构所吸收或解释。尽管文化过程与生物过程、心理过程和社会结构的关系问题是社会理论的基本问题，但文化过程本身可以而且应该被视为区别于上述这些过程的独立分析领域。文化社会学家坚信，我们必须把文化视为一个独立的现实层面或分析层面来进行解读。

第六，我在本书中向大家展示了文化社会学包括三种截然不同但又相互兼容的关于意义生成的理论和研究方法。与其他社会学分支相比，文化社会学最独特的研究思路是侧重分析符号形式的特性。文化社会学家同时也会继承和发展社会学中的互动论传统，将互动视为一种意义生成的过程进行分析。而第三种思路考虑的是社会历史背景如何影响意义生成，这个思路进一步拓展了社会学中历史悠久的关于大型社会模式塑造个体经验的见解。

随着文化社会学的稳固确立，当我们重新回顾伯格和卢克曼所提出的"现实的社会建构"，会发现在面对同样的社会现象时，我们当下已经比60年代的他们掌握了更加多样化和更加精确的概念工具，支撑文化社会学的这些基础理论和前提预设极大地增进了我们对众多社会学话题的新认识。

景观、舞台和场域

从事文化社会学研究，需要掌握哪些知识和技能呢？本书讨论的三种重要的技能或方法为回答有关文化的问题提供了出发点。根据你可能遇到的问题，你可以强调这三种方法中的任何一种，或是同时采用各种方法提供的不同概念工具。你也可以用不同的方式将它们结合起来。符号形式、互动中的意义生成和社会历史背景下的意义生成，这三条研究主线中的每一条本身都会产生丰硕的成果，但如果能将不同的视角结合起来，你的研究将更加富有成效。

表1总结了我们介绍过的文化社会学应用的不同概念工具。文化社会学给予我们最重要的创新贡献在于提供了对符号形式自身更加深入和更加广泛的理解，正如我们在第二章中所指出的，符号形式是意义生成过程中最为重要的因素之一，但此前的社会学家并没有给予它们足够的重视。文化社会学家借鉴了认知心理学、符号学、文学批评和人类学等诸多学科的成果，提出了分析常规惯例、符号结构和物质性如何影响意义生成的新方法。为分析意义生成的这一重要维度（符号形式），文化社会学发展出一系列概念工具，包括认知范畴、符号边界、图式或框架、评估与通约、话语场域、二元编码、叙事、体裁、物质性和标志性。这

些不同的概念工具都为我们分析符号形式的特征提供了更好的思路,符号形式的特征往往可以超越特定语境,创造出艾萨克·里德所比喻的"意义景观"(Reed 2011,109)。

表1 做文化社会学研究所需的概念工具

符号形式	互动中的意义	生产意义
认知范畴	惯习	文化再生产/变迁
符号边界	文化剧目	接合
图式/框架	行动策略	法律和监管
评估/通约	小群体文化	产业结构
话语场域	亚文化	组织结构
二元编码	群体风格	职业生涯
叙事	边界/纽带/规范	场域/场域逻辑
体裁	场景	他律性/自主性
物质性/标志性	展演	资本形式

符号形式也蕴含在互动语境中,它们涉及意向性行动和语境化指涉,以及常规惯例、结构和物质性,而这些元素都超越具体情境而存在。因此,理解意义生成的第二个基本要素就是关注互动中的意义生成,这一点在第三章中有所探讨。为研究互动中的意义生成,文化社会学家借鉴了深厚的微观社会学传统,包括符号互动论和民族志研究方法,并发展出一系列聚焦于意义生成的概念工具,包括惯习和实践、符号储备(文化剧目)和行动策

略、小群体文化和亚文化、群体风格和场景以及展演。所有这些概念工具都为更好地理解互动中的意义生成提供了有效方法。欧文·戈夫曼的著作在研究互动中的意义生成的文化社会学家群体中有着深远的影响,而戈夫曼又以他的戏剧比拟而闻名,因此我们不妨将文化社会学的这一视角比喻为对生成意义的"舞台"(stage)进行分析。

同样,符号形式也蕴含在更广泛的社会历史背景中。因此,理解意义生成的第三个基本要素就是要关注在具体的互动情境之外,周围的社会组织和历史背景是如何生产意义的,这一点在第四章中已有探讨。这一思路的基础是社会学中有关社会结构塑造文化的根本性理论预设,应该说大部分社会学分支对这一基本预设都是大体认同的。不过,文化社会学家在很多方面做出努力,让这种过于笼统的"反映论"具体化(specify),并发展出有效的概念工具来聚焦于意义的生成,其中包括文化再生产与文化变迁、接合、文化生产(包括法律和监管、产业结构、组织结构和职业生涯)、场域和场域逻辑、他律性/自主性以及文化资本和经济资本。所有这些概念工具都为我们提供了分析社会历史背景如何影响意义生成的有效方法。延续我们之前对意义生成三要素所使用的隐喻性的指代标签,我们可以将这一思路标注为与"场域"(fields)有关(同时需要认识到,这个思路并不仅限于布尔迪厄的观点)。

这个清单提炼和浓缩了每一个概念背后极为广泛的理论发展和深入的实证研究,可以说是凝聚了无数文化社会学家多年学术生涯的研究成果。不论你对哪一个研究领域感兴趣,这里的概念都可以作为一个很好的切入点,将你引向更为丰富的理论资源和研究例证。之前每章中讨论的研究范例也可以作为开始新研究的模板。

探索《什么是文化社会学?》的文化社会学

由于本书也会涉及作者和读者共同参与的意义生成,所以本身就可以作为一个很好的研究题目,用来说明书中提到的概念框架如何能够引出有意义的研究问题。因此,让我们来设想一下,你把这本书视为文化分析的对象,或者将这本书与其他类似的社会学分支领域的概论性书籍放在一起研究。

首先,你可以考虑的是各种隐性的常规惯例、文化结构和物质性是如何让类似的综述著作变得有意义的。根据你的研究问题,你可以聚焦于传统出版业的类别或学科和分支学科之间的符号边界如何塑造此类综述著作的内容。你也可以将本书中介绍的文化社会学观点视为理解这一领域的图式或框架,即一种以易于理解和记忆的方式将诠释性要素模式化的复杂模板,其策略意图就在于促进文化社会学学科的发展。当然,你还可以分析本书隐含的评价体系和合法化过程,或者考虑如何找到一套能对本书进行客观排名的比较与通约的标准。

如果你感兴趣的是那些根深蒂固的文化结构,那么你可以首先考虑作为一种话语的文化社会学在社会学话语场域中是如何定位,又是如何被这一话语场域所塑造的,并探讨文化社会学在场域中的这种特定位置使得哪些研究主题成为可能,又会阻挠哪些话题进入研究议程或把它排除在外。你也可以辨识并追溯场域中的二元编码,或创造意义的基本分类对立,如意义/结构,或集体/个人。尽管本书和其他同类著作主要是分析类著作,但你应该也可以读到有关文化社会学作为社会学的一个重要分支兴起和扩展的渐进性叙事,本书也许只有这个故事的蛛丝马迹,在其他相关著作中可能这个故事会讲得更加清楚透彻。当然,与其他体裁形式相比,你还可以考虑对本书的文本体裁的主要特点做一个简短而全面的总结。

如果要考察物质性问题,那么你可以思考本书的物质形式会如何影响行动和互动的可能性,又会如何稳定、保存或破坏生成的意义。与阅读电子书相比,如果采用传统的纸质形式,你的阅读体验会有什么不同?如果你阅读的是一本被之前的读者写满了笔记的旧书，或者在阅读中与其他读者进行了网上评论互动，那么意义的生成会发生怎样的变化？哪种形式能最好地保留思想，思想又是在什么时候和什么情况下变得最不稳定？诚然，对于任何一本社会学书籍来说，标志性问题可能都是一个牵强附会的问题，但也不妨看看我们在书中不断提及的经典，伯格和卢克曼的《现实的社会建构》，特别是这部著作在社会学家心目中具有标志性地位。你不妨找来这本书，倒不一定是为了阅读，也可以是通过将这部20世纪60年代的经典作品视为物质客体，获得审美体验，从而凝练意义。

当然，也有可能你对符号形式的常规惯例、结构和物质性如何影响意义生成不那么在意，你更加感兴趣的是互动中的意义生成。那么，我们可以扩大关注点，思考一下个人和群体在阅读这本书（以及其他类似书籍）时会有怎样的意义生成过程。首先，即便这是你第一次接触有关文化社会学的著作，你和其他人都会在阅读中带入你们各自不同的气质和秉性，这些是由早期潜意识实践中形成的惯习所塑造的。可能你一直喜欢阅读，习惯性地沉浸于读书的乐趣之中；也有可能你不那么喜欢读书，但习惯性地更加注重完成作业获得学分之类的事情。另外，你也可能对"如何阅读理解"这本书有自己独特的一套文化剧目和想法，因此，根据你阅读的周边社会环境，你会采取不同的行动策略，比如，也许你想对本书做一次详尽的符号诠释（比如写一篇书评），或者你觉得本书与其他同类著作并无太大差异，所以无须特别关注。

　　同时，你还可以探究班级或其他小组的小群体文化会如何影响这本书的意义以及你自己的阅读体验。也许你所在的小群体有着一些特殊的记忆，或其中某个成员曾经用过的某个绰号，会让你们觉得本书中提到的某些例子格外能够引起你们的共鸣。或者，你属于某个亚文化群体，而这种特殊的身份促使你对本书做出一种你们内部所共有而外人很难理解的解读或批判。又或者，你所在的群体与其他群体有着相似的观点风格，即我们所说的群体风格，它定义着群体的边界、纽带和言语规范。群体风格既可以阻挠也可以支持特定意见的形成。也许你所在的群体还会在不同的"场景"之间进行切换，刚刚还在一起拿一些稀奇古怪的问题开玩笑，忽而又严肃起来，探讨不同例证之间存在的新关联。同样，虽然围绕一本书进行的互动很少能够形成大规模的展演，但我们不妨问一问，书中提供的背景"剧本"是否足以让教师在课堂上成功"表演"，从而达成有效的沟通或在观众与思想之间促成融合。

　　最后，有关文化社会学的第三个要素，你还可以探索本书是如何在更广泛的社会历史背景下形成的。比如，更深入地了解社会学作为一门学科，在高等教育的社会科学大环境中经历的文化

第五章　结论：景观、舞台与场域

再生产和文化变迁状况。是什么样的制度和专业环境促使文化社会学持续存在和制度化？这个学科是不是也经历过一个各种新思想激烈碰撞、蓬勃发展的兴起时期？而接下来是不是又经历了一个选择沉淀阶段，其中某些研究方向得到普及发展，而另一些则退居边缘？又是哪些资源和制度方面的约束塑造了这种选择和制度化，影响着文化社会学与周围社会环境的接合？

或者，我们可以把问题的重点放在社会影响上，沿着文化生产视角提供的思路，思考出版业的产业结构和组织如何影响本书或其他类似书籍的出版。本书的出版是不是出版业过度生产战略的一个结果？作者享有的自主性是否来自出版机构本身特殊的性质和独立自主权？有哪些人和机构在作者与出版商之间扮演中介角色？来自产业和组织的约束又如何影响本书写作的篇幅和书中语言的使用？更进一步，将这个思路扩展到作为一种场域的社会学学科，本书及其提供的框架在社会学场域逻辑中有多大的自主性，又在多大程度上受到社会学场域之外的他律性经济需求的影响，以及本书如何在两者之间选定自己的位置？前前后后，有哪些经济资本和文化资本被引入本书的创作、生产和接受过程，每种资本的相对影响力又是怎样的？另外，本书的出版对于作者本人和出版商的专业地位和合法性又分别有何种影响？

这是一个很长的问题清单，仅就本书而言，其中许多问题可能显得相当琐碎，答案也相对简单，因此，有必要有选择地把问题结合起来，并进行相关比较，使研究问题更具意义。但是，上述探讨确实可以说明，文化社会学提供的概念工具能够帮助我们开辟新的研究方向，以便我们全方位地理解和解释几乎无所不在的意义生成过程。正如本书中许多例证（从我们在第一章中最先接触到的招聘偏见研究，到我们在第四章中最后接触到的全球人道主义援助领域）所揭示的，通过对意义生成过程进行不同路径的探讨，我们可以为更加重要的社会学问题，比如社会中的共识、支配和冲突等问题，带来新的理解与启示。

《什么是文化社会学？》没有涉及或讨论到的话题有哪些？

我们在上文中假设以本书为对象进行"文化社会学"研究，其实已经隐含了一些对本书自身进行的反思，即本书的局限在哪里，而这一点对于广大读者来说可能并不是一目了然的。为了更好地利用本书，我们必须意识到它自身的局限性和特殊性。在此，我想为大家明确指出本书写作所蕴含的符号边界与评价体系，以及使本书成为可能的特定国家文化社会学领域和本书所采用的写作体裁。文化社会学的分析工具可以帮助我们想象，假如是在完全不同的时空里，本书也许会呈现出非常不一样的效果。

隐含的符号边界和评价体系决定了本书核心观点的选择，更决定了哪些研究例证能被纳入文本的写作。尽管作为一本综述性著作，本书需要在概念上尽量做到全面，但不可否认的是，本书所选择和侧重分析的研究者及研究实例是可以用另外一些研究者和例证来替换的，而替换的内容将会使读者对于什么是文化社会学的核心知识或重要参考文献形成非常不同的印象。举个简单明了的例子，比如说，本书没有太多强调理论性著作的重要性，而偏重强调系统性实证研究的概念性贡献。此外，本书也没有提及系统性实证研究中普遍应用的质性研究方法论及其重要贡献和演变，而无论是理论还是研究方法，都是文化社会学家明确关注的重要问题，且它们都在不断创新，是支撑文化社会学领域发展的主要力量。此外，本书也没有谈及还有一些文化社会学家通过进一步深化理论和研究方法，探讨有关本体论和认识论的哲学问题。

由于本书的目的是为读者提供一个相对简短的概述，从而为他们的文化社会学实践奠定基础，所以以上这些主题在本书中基本被排除在外。为达成这一直接目的，本书的文本书写其实存在着一道隐性的符号边界，边界的一侧是偏重理论或研究方法的抽象论证，另一侧则是实证研究，而后者显然被赋予了更高的权重，得到了更高的评价。在另一种可能的情况下，也许书中的每一个章节都能用更多有关理论和研究方法的讨论作为引导；不过，我们希望本书至少提供了足够多的线索，让读者有机会更加深入地去追寻那些影响研究者的理论发展与争论。

其次，本书的作者必然是在一个特定国家的文化社会学领域进行写作的，而这个特定国家就是美国。尽管社会学及相似学科在很大程度上应该是跨越国界的，但即便使用的是同一种语言，研究工作往往还是会受到不同国家领域和学术传统的影响。因此，举例来说，虽然存在相通之处，文化社会学领域的核心知识和重要文献在不同国家会有所不同。某些研究主题和观点是被重点强调的，有些则被尽量淡化，某些非常重要的学者可能被忽略，经典的研究例证也可能有所不同。因此，其他地方熟悉文化社会学的读者，例如来自英国、法国、挪威、中国或澳大利亚的读者，可能会发觉本书突出的重点和他们自己的认知有所差异，或发现本书错过了某些对他们来说非常重要的参考文献。一本真正做到跨越国界的文化社会学概览将会和本书非常不一样，因为它必须更多地涉及比较和对比研究，而不能仅限于综合概括。

不过，本书提供的文化社会学图式和采用的写作体裁在某种程度上能够弥补固有的国家局限性。与有的学术综述不同，本书并没有采用英雄主义叙事框架，即并没有把介绍的重心放在讲述重要学者的著作、贡献或精彩的生平事迹上。诚然，本书肯定需要对提出重要观点的学者做一个简略介绍，但书中采用的体裁不是英雄主义叙事，而是以分析综合的方式介绍一个整体分析框架，为文化社会学领域构建一幅统一连贯的图景。这一框架是以概念而非人物为核心建立的，选择著作的标准与其说是因为它们不可或缺，不如说是因为它们能够更好地说明和展示概念。因此，尽管本书汲取的主要是美国文化社会学的研究成果，但书中提供的框架可以在不同国家背景下灵活运用。该框架可用于思考和比较不同的研究议题，也可用于思考和比较其他作者如何使用或结合这里提出的研究要素。组成文化社会学的每一条主线——符号形式、互动中的意义生成以及社会历史背景——，都是独立存在、不可或缺但同时又相辅相成的，它们可以在其他国家的背景下，借助其他例证而发展和完善，并用于评估不同的研究议题，或者为其他重要作者或作品定位。同时，这些要素也可以通过其他专业领域产生的思想和范例得到扩展，受到其他文化生产过程的影响，或与周围的社会历史背景形成不同的接合。

文化社会学家之间的争论与分歧

本书未能涉足的第三个方面其实是刻意而为之的,有些人甚至可能认为这个做法有点过于激进。由于本书旨在分析综合,所以基本略过了文化社会学领域各个视角之间的评判性争论。事实上,的确存在许多潜在的争议点,而且了解这些潜在的争议对于我们评估和选择最适合自己研究题目的概念工具也非常重要。表2中总结了倾向于不同视角的学者之间存在的主要分歧。

表2 文化社会学家之间的争论

挑战者	目标		
	符号形式	互动中的意义	生产意义
符号形式		符号形式超越情境	符号形式影响意义
互动中的意义	低估了主观阐释的多样性		低估了情境中生成的意义
生产意义	低估了社会决定因素	低估了宏观组织的作用	

我们会发现,主要分歧之一存在于这两派学者之间:强调分析符号形式(从学科角度来看,这是最具创新性的研究方向)的学者和优先分析文化产生的社会历史背景(从学科角度来看,这是最具传统性的研究方向)的学者。这两派之间的争论有时也会

被称为"文化社会学"(cultural sociology)与"有关文化的社会学"(the sociology of culture)之争。注重分析持久性符号形式的学者认为,如果我们只着重分析意义生成过程的社会历史背景,则难免会忽略其中涉及的实际意义。而将意义生成的社会历史背景放在首位的学者则反驳说,对符号形式的深度研究不免会过于脱离影响意义生成的政治和组织动态。

同样,强调符号形式的学者会指出,只关注语境中的互动过程可能会忽略符号形式超越特定情境的作用方式。反之,关注互动中的意义生成的学者会反驳说,如果仅着重分析符号形式,则会低估人们在不同情境中针对符号形式而形成的多种不同的解读方式。

与此同时,更加关注意义生成的社会历史背景的学者可能会认为,过于强调互动过程有可能让我们低估有组织的文化生产在当代复杂社会中占据的核心地位。反之,优先分析互动中的文化的学者则会认为,过于关注社会历史背景会倾向于对实际生成的意义做出过多的预设判断,而实际生成的意义才应该是分析的重点所在(这点与优先分析符号形式的学者相一致)。

举个简单的例子,我们可以再次假设本书是文化社会学家分析的对象,那么首先就会有一部分学者着重分析它的符号形式,比如符号边界、图式和体裁,另一些学者则会对这种方法提出质疑，指出本书必然是在某种特定的专业和行业环境中产生的。而强调符号形式的学者会回应说，很多时候意义是能够超越并塑造其语境的。接着，关注互动中的意义的学者又会指出，上述两种立场都忽视了很重要的一点，即书本的意义会随着互动情境的变化而发生变化，等等。

此外，即便是采用同一视角的学者之间也可能因为概念工具的不同而产生分歧。有时候，学者之间的争论未必源自真正的分歧，可能只是出于倾向和对某个思想阵营的忠实，比如有些学者更强调文化结构的重要性，有些则更愿意把符号形式单纯视为约定俗成的惯例。其他种类的倾向和对某种思想的忠实可能会决定哪些学者更侧重惯习的根深蒂固，而哪些则更关注文化剧目的灵活性。除此之外，关注小群体文化的学者与更加关注群体风格的学者之间也可能会存在争议。迄今为止，倒是还没有发现在下列三组学者之间存在明显的分歧，即从历史角度分析社会文化背景的学者、关注文化生产的学者以及场域理论的拥护者，但这有可能只是因为上述三种同样聚焦于社会历史背景的路径一直以来都是相对孤立的，彼此之间没有什么互动。

所有这些争论和分歧都可以产生富有成效的批评，并有助于增加不同研究路径为文化社会学贡献的概念资源。不过，必须承认的是，每种研究思路对于社会生活都有自己一套独特的预设，比如什么才是真实的，什么才是真正重要的，这些预设之间往往并不能完全兼容，也因为如此，各种思路之间存在的问题和争议可能会相当深刻。无论如何，熟悉其中涉及的各种比较和对比应该也是从事文化社会学研究的一项重要技能。

不过，本书还是刻意回避了这些争论和分歧，主要是因为本书的主要目的是提供一个当代文化社会学的分析性综述，向读者介绍用以分析意义生成的各种概念工具以及它们之间的相互关系和定位，而过多聚焦于争论与分歧会使本书偏离这一主要目标。所以，与其说这里呈现的是一场竞赛，不如说是一份菜单，而读者面对的问题不在于应该加入哪个团队，而在于选择哪些工具来探索自己感兴趣的意义生成过程。

使用文化社会学的概念工具

在熟悉了这份概念菜单之后，应该如何做出选择呢？本书提到的许多研究例证都提供了有用的线索和模板。对于任何一项研究来说，我们都可以先简略地考虑上述概念工具给出的全部问题清单，就像我们之前以本书为例所讨论的那样。这样一份清单有助于评估哪些潜在的调查方向可能更加富有成果，也可以帮助我们确定新的研究思路。

当然，每个研究项目的侧重点都会有所不同。有些重要问题聚焦于符号形式，对于某些特定主题来说，比如种族污名或消费者偏好，研究其中存在的普遍常规范畴、符号边界、图式／框架或评价体系可能是最好的起点。不过，假如需要从更广泛的层面来理解符号形式，比如自然环境中的人类、社会与技术或政治文化，就应该研究跨越多种社会背景而相通的文化结构（如，话语场域、二元编码、叙事和体裁）。而假如研究重点是自行车或纪念碑等具体的文化客体，则需要从物质性和标志性的角度进行分析。对符号形式的分析既可以涉及社会生活中更为微观的认知层面，也可以涉及更为宏观的历史层面。

如果主要关注的是互动中的意义，那么有关个人文化倾向的问题就可以通过惯习和文化剧目等概念来探讨。与群体互动有关的问题，比如本地的食品合作社或教会，可以通过小群体文化、群体风格和场景等概念来讨论。至于更大规模的互动秩序问题，比如一般意义上的自助团体或政治运动，则应通过研究团体风格或展演条件来进行探讨。通常来说，对互动中的意义的分析主要关注个体和群体的微观层面，但也可以通过群体风格和展演理论扩展到社会生活的宏观层面。

如果说互动中的意义生成问题总是更加关注微观层面，那么有关意义生成的社会历史背景问题则总是更加关注宏观层面。关

第五章　结论：景观、舞台与场域　　179

于民主化或市场化等大规模文化变迁的问题,可以通过研究具体的历史接合过程来探讨。而关于文化形式的具体变迁,如流行文化或职业潮流的发展,则可以通过研究其产生的具体环境(产业环境、组织环境或场域),来进行思考。

以上所有这些都可以作为起点,由此你就可以运用本书讨论的核心观点来探讨文化社会学问题。你所做出的选择将取决于你是对意义的景观、舞台还是场域更感兴趣,也取决于你的研究问题是基于较小规模还是较大规模的环境。

当然,这份菜单提供的选择其实还是很有限的,因为尽管在真正做研究时,我们可以只从上述三个视角中选择一个作为研究思路,但我们同时应该意识到,要想全面理解任何一个特定的研究题目,往往需要从不止一个视角入手。很多真知灼见和分析成果都来自研究路径之间的结合,比如研究符号形式与互动过程之间、符号形式与其社会历史背景之间以及社会历史背景与互动过程之间的联系。贯穿本书各个章节的许多研究例证,比如有关移民新闻、精英厨师、性辩论和音乐流派等主题的研究,在不同语境中反复出现,这绝非偶然。

当学者们把三种视角编织在一起进行研究时,他们常常能够获得加倍的回报。不少大型研究项目和重大课题会涉及全部三个研究视角,尽管其中的一个或两个视角会更加突出。例如,对音乐产业的研究可能也会探讨流派特征及其与互动场景的联系。或者，有关某一职业的研究可能以场域理论为主框架，但也会考察构成其场域逻辑的认知范畴及成员的惯习情况。再或者，以政治编码和叙事为主题的研究也需要探讨它们在重大政治事件中的展演方式，同时还会探究政治事件与其社会历史背景的接合方式究竟是会促进文化再生产还是会促成文化变迁。在每一个例子中，如果我们能够将三种文化分析思路中的分析工具结合起来，我们对自己研究的领域就会有更全面的认识和掌握。尽管有些学者可能会认为这个建议有悖于更深层次的学术承诺，但全面探讨任何研究问题的最佳策略很有可能就是综合策略，即从文化社会学"菜单"三个组成部分中的每一部分选择分析工具，从而综合考虑意义生成的所有三个要素：符号形式、互动中的意义以及社会历史背景。

应该说，正是我们在本书中介绍的概念工具的准确性和专注度使得对于意义生成全面和多维度的探索成为可能。现如今，聚焦于文化的社会学者在提及文化一词时，应该不再需要费力澄清自己到底想表达什么，或者甚至完全回避这个概念。他们也不应该对文化分析可能涉及的不同要素含糊其词。伯格和卢克曼在20世纪60年代从社会学主流传统出发将文化分析为"现实的社会建构"，他们的著作之所以成为经典，是因为它命名了一个重要的现

第五章 结论：景观、舞台与场域　181

象，并将其与学科中已被熟知的微观社会过程（以社会化过程为代表）和宏观社会过程（以合法化过程为代表）联系起来。从那时开始，社会学发展出许多更加准确的理论工具来理解现实的社会建构，其中最为重要的就是在跨学科领域的影响下创造出的能够更好思考符号形式的方法。同时，为探索意义的生成，社会学家也继续拓展社会学传统中的微观社会和宏观结构理论。本书对社会学家在目前阶段如何理解意义和意义生成过程进行了盘点，展示了其中具有重要意义的变化和发展。

创造意义是人类的一个基本过程，也是所有人都具有的一种普遍能力，它对于我们每个人来说都至关重要，如果社会学家不能对这个问题进行认真思索，那于我们所有人而言都将是一个很大的损失。从社会学的角度来看，分析意义的生成可以帮助我们更好地理解什么是我们在与他人的互动中和在群体中所共同拥有和分享的，以及复杂的社会组织是如何在日复一日的实践中得以形成和运作的。通过分析文化过程，我们能够更好地理解文化差异，还可以更深入地认识和解释我们所面对的各种社会现象，包括显性的社会权力、隐性的社会支配、棘手的社会冲突和紧迫的社会问题。

参考文献

Abramson, Corey M. 2012. "From 'Either–Or' to 'When and How': A Context-Dependent Model of Culture in Action," *Journal for the Theory of Social Behaviour* 42(2): 155–80.
Abramson, Corey M. 2015. *The End Game: How Inequality Shapes Our Final Years.* Cambridge, MA: Harvard University Press.
Adams, Julia, Elisabeth Clemens, and Ann Shola Orloff (eds.). 2005. *Remaking Modernity: Politics and Processes in Historical Sociology.* Durham, NC: Duke University Press.
Adolphs, Ralph. 2009. "The Social Brain: Neural Basis of Social Knowledge," *Annual Review of Psychology* 60: 693–716.
Aiello, Giorgia. 2006. "Theoretical Advances in Critical Visual Analysis: Perception, Ideology, Mythologies, and Social Semiotics," *Journal of Visual Literacy* 26(2): 89–102.
Alexander, Jeffrey C. 2004. "Cultural Pragmatics: Social Performance between Ritual and Strategy," *Sociological Theory* 22(4): 527–73.
Alexander, Jeffrey C. 2006. *The Civil Sphere.* New York: Oxford University Press.
Alexander, Jeffrey C. 2010. *The Performance of Politics: Obama's Victory and the Democratic Struggle for Power.* New York: Oxford University Press.
Alexander, Jeffrey C. 2011. *Performative Revolution in Egypt: An Essay in Cultural Power.* New York: Bloomsbury Academic.
Alexander, Jeffrey C. and Philip Smith. 1993. "The Discourse of American Civil Society: A New Proposal for Cultural Studies," *Theory and Society* 22(2): 151–207.
Alexander, Jeffrey C. and Philip Smith (eds.). 2005. *The Cambridge Companion to Durkheim.* Cambridge: Cambridge University Press.

Alexander, Jeffrey C. and Carlo Tognato (eds.). 2018. *The Civil Sphere in Latin America*. Cambridge: Cambridge University Press.
Alexander, Jeffrey C., Ronald N. Jacobs, and Philip Smith (eds.). 2012. *Oxford Handbook of Cultural Sociology*. New York: Oxford University Press.
Alexander, Jeffrey C., Agnes Shuk-mei Ku, Sunwoong Park, and David A. Palmer (eds.). 2019a. *The Civil Sphere in East Asia*. Cambridge: Cambridge University Press.
Alexander, Jeffrey C., Anna Lund, and Andrea Voyer (eds.). 2019b. *The Nordic Civil Sphere*. Cambridge: Polity
Alexander, Victoria D. 2003. *Sociology of the Arts*. Oxford: Blackwell.
Alexander, Victoria D. and Ann Bowler. 2014. "Art at the Crossroads: The Arts in Sociology and the Sociology of Art," *Poetics* 43: 1–19.
Anand, N. and Richard A. Peterson. 2000. "When Market Information Constitutes Fields: Sensemaking of Markets in the Commercial Music Industry," *Organization Science* 11(3): 270–84.
Anderson, Elijah. 1999. *Code of the Street: Decency, Violence, and the Moral Life of the Inner City*. New York: W. W. Norton.
Anheier, Helmut, Jürgen Gerhards, and Frank P. Romo. 1995. "Forms of Capital and Social Structure in Cultural Fields: Examining Bourdieu's Social Topography," *American Journal of Sociology* 100(4): 859–903.
Bandelj, Nina. 2008. "Economic Objects as Cultural Objects: Discourse on Foreign Investment in Post-Socialist Europe," *Socio-Economic Review* 6(4): 671–702.
Bandelj, Nina and Frederick F. Wherry. 2011. "Introduction: An Inquiry into the Cultural Wealth of Nations," pp. 1–20 in Nina Bandelj and Frederick F. Wherry (eds.) *The Cultural Wealth of Nations*. Stanford, CA: Stanford University Press.
Barthes, Roland. 1972 [1957]. *Mythologies*, trans. Annette Lavers. New York: Hill & Wang.
Bartmanski, Dominik and Jeffrey C. Alexander. 2012. "Materiality and Meaning in Social Life: Toward an Iconic Turn in Cultural Sociology," pp. 1–12 in Jeffrey C. Alexander, Dominik Bartmanski, and Bernhard Giesen (eds.) *Iconic Power: Meaning and Materiality in Social Life*. New York: Palgrave Macmillan.
Baumann, Shyon. 2001, "Intellectualization and Art World Development: Film in the United States," *American Sociological Review* 66(3): 404–26.
Baumann, Shyon. 2007. *Hollywood Highbrow: From Entertainment to Art*. Princeton, NJ: Princeton University Press.
Becker, Howard S. 1982. *Art Worlds*. Berkeley and Los Angeles: University of California Press.
Beckert, Jens. 2016. *Imagined Futures: Fictional Expectations and Capitalist Dynamics*. Cambridge, MA, and London: Harvard University Press.

Benedict, Ruth. 1959 [1934]. *Patterns of Culture*. Boston: Houghton Mifflin.

Bennett, Andy. 2001. *Cultures of Popular Music*. Buckingham and Philadelphia: Open University Press.

Bennett, Andy. 2018. "Conceptualising the Relationship between Youth, Music and DIY Careers: A Critical Overview," *Cultural Sociology* 12(2): 140–55.

Benson, Rodney. 2013. *Shaping Immigration News: A French–American Comparison*. New York: Cambridge University Press.

Beresford, James and Ashley Bullard. 2018. "Narrating Policy: Potentials of Narrative Methods and Theories in Extending and Re-Orienting Policy Research." *Discover Society*. Social Research Publications. August 1. https://discoversociety.org/2018/08/01/focus-narrating-policy-potentials-of-narrative-methods-and-theories-in-extending-and-re-orientating-policy-research/

Berezin, Mabel. 2009. *Illiberal Politics in Neoliberal Times: Culture, Security, and Populism in the New Europe*. New York: Cambridge University Press.

Berger, Peter L. and Thomas Luckmann. 1966. *The Social Construction of Reality: A Treatise in the Sociology of Knowledge*. New York: Anchor Books.

Berman, Elizabeth and Daniel Hirschman. 2018. "The Sociology of Quantification: Where are We Now?" *Contemporary Sociology* 47(3): 257–66.

Berrey, Ellen. 2015. *The Enigma of Diversity: The Language of Race and the Limits of Racial Justice*. Chicago and London: University of Chicago Press.

Bielby, Denise D. 2010. "Globalization and Cultural Production," pp. 588–97 in John R. Hall, Laura Grindstaff and Ming-Cheng Lo (eds.) *Handbook of Cultural Sociology*. London and New York: Routledge.

Bielby, Denise D. and C. Lee Harrington. 2008. *Global TV: Exporting Television and Culture in the World Market*. New York: New York University Press.

Bielby, Denise D. and William T. Bielby. 2004. "Audience, Aesthetics and Popular Culture," pp. 295–315 in Roger Friedland and John Mohr (eds.) *Matters of Culture: Cultural Sociology in Practice*. New York: Cambridge University Press.

Bielby, William T. and Denise D. Bielby 1994. "All Hits Are Flukes: Institutionalized Decision Making and the Rhetoric of Network Prime-Time Program Development," *American Journal of Sociology* 99(4): 1287–313.

Bielby, William T. and Denise D. Bielby. 1999. "Organizational Mediation of Project-Based Labor Markets: Talent Agencies and the Careers of Screenwriters," *American Sociological Review* 64(1): 64–85.

Blair-Loy, Mary. 2003. *Competing Devotions: Career and Family*

among Women Executives. Cambridge, MA: Harvard University Press.
Boltanski, Luc and Laurent Thévenot. 2006 [1991]. *On Justification: Economies of Worth*, trans. Catherine Porter. Princeton, NJ: Princeton University Press.
Bonikowski, Bart. 2016. "Nationalism in Settled Times," *Annual Review of Sociology* 42: 427–49.
Bourdieu, Pierre. 1975. "The Specificity of the Scientific Field and the Social Conditions of the Progress of Reason," *Social Science Information* 14(6): 19–47.
Bourdieu, Pierre. 1977. *Outline of a Theory of Practice*, trans. Richard Nice. Cambridge: Cambridge University Press.
Bourdieu, Pierre. 1984. *Distinction: A Social Critique of the Judgement of Taste*, trans. Richard Nice. Cambridge, MA: Harvard University Press.
Bourdieu, Pierre. 1991. *Language and Symbolic Power*, ed. and trans. John B. Thompson. Cambridge: Polity.
Bourdieu, Pierre. 1993. *The Field of Cultural Production: Essays on Art and Literature*. Cambridge: Polity.
Bourdieu, Pierre. 1996. *The Rules of Art: Genesis and Structure of the Literary Field*, trans. Susan Emanuel. Cambridge: Polity.
Bourdieu, Pierre. 2005. "The Political Field, the Social Science Field, and the Journalistic Field," pp. 29–47 in Rodney Benson and Erik Neveu (eds.) *Bourdieu and the Journalistic Field*. Cambridge: Polity.
Braunstein, Ruth. 2018. "Muslims as Outsiders, Enemies, and Others: The 2016 Presidential Election and the Politics of Religious Exclusion," pp. 185–206 in Jason L. Mast and Jeffrey C. Alexander (eds.) *Politics of Meaning/Meaning of Politics*. Cham, Switzerland: Palgrave Macmillan.
Brekhus, Wayne. 2003. *Peacocks, Chameleons, Centaurs: Gay Suburbia and the Grammar of Social Identity*. Chicago: University of Chicago Press.
Brekhus, Wayne. 2015. *Culture and Cognition: Patterns in the Social Construction of Reality*. Cambridge: Polity.
Brisson, Romain and Renzo Bianchi. 2017. "Distinction at the Class-Fraction Level? A Re-Examination of Bourdieu's Dataset," *Cultural Sociology* 11(4): 489–535.
Bryson, Bethany. 1996. "'Anything but Heavy Metal': Symbolic Exclusion and Musical Dislikes," *American Sociological Review* 61(5): 884–99.
Buchholz, Larissa. 2018. "Rethinking the Center–Periphery Model: Dimensions and Temporalities of Macro-Structure in a Global Field of Cultural Production," *Poetics* 71: 18–32.
Butler, Judith. 1999. *Gender Trouble: Feminism and the Subversion of Identity*. New York: Routledge.

Çaksu, Ali. 2017. "Ibn Khaldun and Philosophy: Causality in History," *Journal of Historical Sociology* 30(1): 27–42.

Cerulo, Karen. 1998. *Deciphering Violence: The Cognitive Structure of Right and Wrong*. New York: Routledge.

Cerulo, Karen (ed.). 2002. *Culture in Mind: Toward a Sociology of Culture and Cognition*. New York: Routledge.

Chan, Cheris. 2012. *Marketing Death: Culture and Life Insurance Markets*. New York: Oxford University Press.

Childress, Clayton. 2017. *Under the Cover: The Creation, Production, and Reception of a Novel*. Princeton, NJ, and Oxford: Princeton University Press.

Cook, Daniel. 2004. *The Commodification of Childhood: The Children's Clothing Industry and the Rise of the Child Consumer*. Durham, NC: Duke University Press.

Corse, Sarah. 1997. *Nationalism and Literature: The Politics of Culture in Canada and the United States*. New York: Cambridge University Press.

Crane, Diana. 1976. "Reward Systems in Art, Science, and Religion," *American Behavioral Scientist* 19(6): 719–32.

Crane, Diana. 1987. *The Transformation of the Avant-Garde: The New York Art World 1940–1985*. Chicago: University of Chicago Press.

Crane, Diana. 1992a. "High Culture versus Popular Culture Revisited: A Reconceptualization," pp. 58–74 in Michèle Lamont and Marcel Fournier (eds.) *Cultivating Differences: Symbolic Boundaries and the Making of Inequality*. Chicago and London: University of Chicago Press.

Crane, Diana. 1992b. *The Production of Culture: Media and the Urban Arts*. Newbury Park, CA: Sage.

Crane, Diana, Nobuko Kawashima, and Ken'ichi Kawasaki (eds.). 2002. *Global Culture: Media, Arts, Policy, and Globalization*. London: Routledge.

Daloz, Jean-Pascal. 2010. *The Sociology of Elite Distinction: From Theoretical to Comparative Perspectives*. New York: Palgrave Macmillan.

Daloz, Jean-Pascal. 2013. *Rethinking Social Distinction*. New York: Palgrave Macmillan.

D'Andrade, Roy. 1992. "Schemas and Motivation," pp. 23–44 in Roy D'Andrade and Claudia Strauss (eds.) *Human Motives and Cultural Models*. Cambridge: Cambridge University Press.

Darnesi, Marcel. 2019. *Popular Culture*. 4th ed. Lanham, MD: Rowman & Littlefield.

Dayan, Daniel and Elihu Katz. 1994. *Media Events: The Live Broadcasting of History*. Cambridge, MA: Harvard University Press.

de la Fuente, Eduardo. 2007. "The 'New Sociology of Art': Putting Art Back into Social Science Approaches to the Arts," *Cultural Sociology* 1(3): 409–25.

Debs, Mira. 2013. "The Suffering of Symbols: Giotto Frescoes and the Cultural Trauma of Objects," *Cultural Sociology* 7(4): 479–94.
DeGloma, Thomas. 2014. *Seeing the Light: The Social Logic of Personal Discovery.* Chicago: University of Chicago Press.
DeNora, Tia. 1991. "Musical Patronage and Social Change in Beethoven's Vienna," *American Journal of Sociology* 97(2): 310–46.
Dhaouadi, Mahmoud. 1990. "Ibn Khaldun: The Founding Father of Eastern Sociology," *International Sociology* 5(3): 319–33.
DiMaggio, Paul. 1977. "Market Structure, the Creative Process and Popular Culture: Toward an Organizational Reinterpretation of Mass-Culture Theory," *Journal of Popular Culture* 11(2): 436–52.
DiMaggio, Paul. 1982. "Cultural Entrepreneurship in Nineteenth-Century Boston: The Creation of an Organizational Base for High Culture in America," *Media, Culture and Society* 4(1): 33–50.
DiMaggio, Paul. 1987. "Classification in Art," *American Sociological Review* 52(4): 440–55.
DiMaggio, Paul. 1992. "The Extension of the High Culture Model to Theater, Opera, and the Dance, 1900–1940," pp. 21–57 in Michèle Lamont and Marcel Fournier (eds.) *Cultivating Differences: Symbolic Boundaries and the Making of Inequality.* Chicago and London: University of Chicago Press.
DiMaggio, Paul. 2002. "Culture and Cognition," in Karen Cerulo (ed.) *Culture in Mind: Toward a Sociology of Culture and Cognition.* New York: Routledge.
DiMaggio, Paul and Walter W. Powell. 1991. "Introduction," pp. 1–38 in Walter W. Powell and Paul DiMaggio (eds.) *The New Institutionalism in Organizational Analysis.* Chicago: University of Chicago Press.
Dobbin, Frank. 1994. *Forging Industrial Policy: The United States, Britain and France in the Railway Age.* New York: Cambridge University Press.
Douglas, Mary. 1966. *Purity and Danger: An Analysis of Concepts of Pollution and Taboo.* New York: Routledge.
Driver, Christopher and Andy Bennett. 2014. "Music Scenes, Space, and the Body," *Cultural Sociology* 9(1): 99–115.
Duck, Waverly. 2015. *No Way Out: Precarious Living in the Shadow of Poverty and Drug Dealing.* Chicago: University of Chicago Press.
Durkheim, Émile. 1995 [1912]. *The Elementary Forms of Religious Life*, trans. Karen Fields. New York: Free Press.
Eagleton, Terry. 1991. *Ideology: An Introduction.* London: Verso.
Eagleton, Terry. 2000. *The Idea of Culture.* Malden, MA: Blackwell.
Eisenstein, Elizabeth A. 1980. *The Printing Press as an Agent of Change: Communication and Cultural Transformation in Early Modern Europe.* Cambridge: Cambridge University Press.
Elgenius, Gabriella. 2011. *Symbols of Nations and Nationalism: Celebrating Nationhood.* New York: Palgrave Macmillan.

Eliasoph, Nina. 2011. *Making Volunteers: Civic Life after Welfare's End*. Princeton, NJ: Princeton University Press.
Eliasoph, Nina and Paul Lichterman. 2003. "Culture in Interaction," *American Journal of Sociology* 108(4): 735–94.
Epstein, Cynthia F. 1988. *Deceptive Distinctions: Sex, Gender, and the Social Order*. New Haven: Yale University Press; New York: Russell Sage Foundation.
Epstein, Cynthia F. 2007. "Great Divides: The Cultural, Cognitive, and Social Bases of the Global Subordination of Women," *American Sociological Review* 72(1): 1–22.
Espeland, Wendy. 1998. *The Struggle for Water: Politics, Rationality, and Identity in the American Southwest*. Chicago: University of Chicago Press.
Espeland, Wendy and Mitchell Stevens. 1998. "Commensuration as a Social Process," *Annual Review of Sociology* 24: 313–43.
Espeland, Wendy and Mitchell Stevens. 2008. "A Sociology of Quantification," *European Journal of Sociology* 49(3): 401–36.
Evans, J.A. 1982. *Herodotus*. Boston: Twayne.
Eyerman, Ron and Lisa McCormick (eds.). 2006. *Myth, Meaning and Performance: Towards a New Cultural Sociology of the Arts*. Boulder, CO, and London: Paradigm Publishers.
Farrell, Justin. 2015. *The Battle for Yellowstone: Morality and the Sacred Roots of Environmental Conflict*. Princeton, NJ: Princeton University Press.
Ferguson, Priscilla. 2004. *Accounting for Taste: The Triumph of French Cuisine*. Chicago: University of Chicago Press.
Fine, Gary Alan. 1996. *Kitchens: The Culture of Restaurant Work*. Berkeley: University of California Press.
Fine, Gary Alan. 2004. *Everyday Genius: Self-Taught Art and the Culture of Authenticity*. Chicago: University of Chicago Press.
Fine, Gary Alan. 2012. "Group Culture and the Interaction Order," *Annual Review of Sociology* 38: 159–79.
Fishman, Robert. 2019. *Democratic Practice: Origins of the Iberian Divide in Political Inclusion*. New York: Oxford University Press.
Fishman, Robert and Omar Lizardo. 2013. "How Macro-Historical Change Shapes Cultural Taste: Legacies of Democratization in Spain and Portugal," *American Sociological Review* 78(2): 213–39.
Fiske, John. 1992. "Audiencing: A Cultural Studies Approach to Watching Television," *Poetics* 21: 345–59.
Fligstein, Neil. 2001. *The Architecture of Markets: An Economic Sociology of Twenty-First-Century Capitalist Societies*. Princeton, NJ: Princeton University Press.
Fligstein, Neil and Doug McAdam. 2012. *A Theory of Fields*. Princeton, NJ: Princeton University Press.
Fourcade, Marion. 2011. "Cents and Sensibility: Economic Valuation

and the Nature of 'Nature,'" *American Journal of Sociology* 116(6): 1721–77.
Fourcade, Marion. 2016. "Ordinalization," *Sociological Theory* 34(3): 175–208.
Frisby, David, and Mike Featherstone (eds.) 1997. *Simmel on Culture: Selected Writings*. London: Sage.
Furstenburg, Frank F., Jr., Sheela Kennedy, Vonnie C. McLoyd, Rubén G. Rumbaut, and Richard A. Setterstein, Jr. 2004. "Growing Up is Harder to Do," *Contexts* 3(3): 33–41.
Gans, Herbert. 1974. *Popular Culture and High Culture*. New York: Basic Books.
Gauchat, Gordon and Kenneth T. Andrews. 2018. "The Cultural-Cognitive Mapping of Scientific Professions," *American Sociological Review* 83(3): 567–95.
Geertz, Clifford. 1973. *The Interpretation of Cultures*. New York: Basic Books.
Gellner, Ernest. 1988. "Trust, Cohesion, and the Social Order," pp. 142–57 in Diego Gambetta (ed.) *Trust: Making and Breaking Cooperative Relations*. New York: Blackwell.
Gerber, Alison. 2017. *The Work of Art: Value in Creative Careers*. Stanford, CA: Stanford University Press.
Gieryn, Thomas. 1983. "Boundary Work and the Demarcation of Science from Non-Science: Strains and Interests in Professional Ideologies of Scientists," *American Sociological Review* 48(6): 781–95.
Gieryn, Thomas. 2002. "What Buildings Do," *Theory and Society* 31(1): 35–74.
Ginzburg, Carlo. 2017. "Civilization and Barbarism," *Sign System Studies* 45(3/4): 249–62.
Gitlin, Todd. 2000. *Inside Prime Time*. Berkeley: University of California Press.
Goffman, Erving. 1959. *The Presentation of Self in Everyday Life*. New York: Doubleday Anchor.
Goffman, Erving. 1979. *Gender Advertisements*. New York: Harper & Row.
Goffman, Erving. 1982. "The Interaction Order," *American Sociological Review* 48(1): 1–17.
Goffman, Erving. 2010 [1974]. *Frame Analysis: An Essay on the Organization of Experience*. Boston: Northeastern University Press.
Gottdiener, Mark. 1995. *Postmodern Semiotics: Material Culture and the Forms of Postmodern Life*. Oxford: Blackwell.
Gramsci, Antonio. 1971. "The Study of Philosophy," pp. 323–77 in Quinton Hoare and Geoffrey Nowell-Smith (eds. and trans.) *Selections from the Prison Notebooks*. New York: International Publishers.
Grazian, David. 2003. *Blue Chicago: The Search for Authenticity in Urban Blues Clubs*. Chicago: University of Chicago Press.

Grazian, David. 2017. *Mix It Up: Popular Culture, Mass Media, and Society*. 2nd ed. New York: W. W. Norton.
Greenfeld, Liah. 1992. *Nationalism: Five Roads to Modernity*. Cambridge, MA: Harvard University Press.
Griswold, Wendy. 1981. "American Character and the American Novel: An Expansion of Reflection Theory in the Sociology of Literature," *American Journal of Sociology* 86(4): 740–65.
Griswold, Wendy. 1987. "A Methodological Framework for the Study of Culture," *Sociological Methodology* 17: 1–35.
Griswold, Wendy. 2000. *Bearing Witness: Readers, Writers, and the Novel in Nigeria*. Chicago: University of Chicago Press; Princeton, NJ: Princeton University Press.
Griswold, Wendy. 2008. *Regionalism and the Reading Class*. Chicago: University of Chicago Press; Princeton, NJ: Princeton University Press.
Griswold, Wendy. 2013. *Culture and Societies in a Changing World*. 4th ed. Los Angeles: Sage.
Hall, John R. 2016. "Social Futures of Global Climate Change: A Structural Phenomenology," *American Journal of Cultural Sociology* 4(1): 1–45.
Hall, John R., Laura Grindstaff, and Ming-Cheng Lo (eds.). 2010. *Handbook of Cultural Sociology*. London and New York: Routledge.
Hanquinet, Laurie. 2017. "Exploring Dissonance and Omnivorousness: Another Look at the Rise of Eclecticism," *Cultural Sociology* 11(2): 165–87.
Harrington, Brooke and Gary Alan Fine. 2000. "Opening the 'Black Box': Small Groups and Twenty-First-Century Sociology," *Social Psychology Quarterly* 63(4): 312–23.
Haveman, Heather. 2015. *Magazines and the Making of America: Modernity, Community, and Print Culture, 1741–1860*. Princeton, NJ, and Oxford: Princeton University Press.
Hebdige, Dick. 1979. *Subculture: The Meaning of Style*. London and New York: Routledge.
Hirsch, Paul. 1972. "Processing Fads and Fashions: An Organization-Set Analysis of Culture Industry Systems," *American Journal of Sociology* 77(4): 639–59.
Hoang, Kimberly K. 2015. *Dealing in Desire: Asian Ascendancy, Western Decline, and the Hidden Currencies of Global Sex Work*. Oakland: University of California Press.
Horkheimer, Max and Theodor Adorno. 1972 [1944]. "The Culture Industry: Enlightenment as Mass Deception," pp. 120–67 in *Dialectic of Enlightenment*, trans. John Cumming. New York: Herder and Herder.
Hsu, Greta, Michael T. Hannan, and Özgecan Koçak. 2009. "Multiple Category Memberships in Markets: An Integrative Theory and Two Empirical Tests," *American Sociological Review* 74(1): 150–9.

Ikegami, Eiko. 2005. *Bonds of Civility: Aesthetic Networks and the Political Origins of Japanese Culture*. New York: Cambridge University Press.

Jacobs, Ronald N. 1996. "Civil Society and Crisis: Culture, Discourse, and the Rodney King Beating," *American Journal of Sociology* 101(5): 1238–72.

Jacobs, Ronald N. and Eleanor Townsley. 2011. *The Space of Opinion: Media Intellectuals and the Public Sphere*. New York: Oxford University Press.

Jacques, Scott and Richard Wright. 2015. *Code of the Suburb: Inside the World of Young Middle-Class Drug Dealers*. Chicago: University of Chicago Press.

Jameson, Fredric. 1984. "Postmodernism, or The Cultural Logic of Late Capitalism," *New Left Review* 146: 53–92.

Kane, Anne. 2000. "Reconstructing Culture in Historical Explanation: Narratives as Culture Structure and Practice," *History and Theory* 39(3): 311–30.

Kane, Anne. 2011. *Constructing Irish National Identity: Discourse and Ritual during the Land War, 1879–1882*. New York: Palgrave Macmillan.

Kidd, Dustin. 2014. *Pop Culture Freaks: Identity, Mass Media, and Society*. Boulder, CO: Westview Press.

Koblin, John. 2019. "Hollywood Awaits Fallout in Writers' Dispute," *New York Times*, April 15.

Krause, Monika. 2018. "How Fields Vary," *British Journal of Sociology* 69(1): 3–22.

Kreiss, Daniel. 2018. "The Fragmenting of the Civil Sphere: How Partisan Identity Shapes the Moral Evaluation of Candidates and Epistemology," pp. 233–41 in Jason L. Mast and Jeffrey C. Alexander (eds.) *Politics of Meaning/Meaning of Politics* Cham, Switzerland: Palgrave Macmillan.

Kroeber, A.L. and Clyde Kluckhohn. 1963 [1952]. *Culture: A Critical Review of Concepts and Definitions*. New York: Vintage Books.

Kuipers, Giselinde. 2015. "How National Institutions Mediate the Global: Screen Translation, Institutional Interdependencies, and the Production of National Difference in Four European Countries," *American Sociological Review* 80(5): 985–1013.

Kuper, Adam. 1999. *Culture: The Anthropologists' Account*. Cambridge, MA: Harvard University Press.

Lachmann, Richard. 2013. *What is Historical Sociology?* Malden, MA: Polity.

Lamont, Michèle. 1992. *Money, Morals, and Manners: The Culture of the French and the American Upper-Middle Class*. Chicago: University of Chicago Press.

Lamont, Michèle (ed.). 1999. *The Cultural Territories of Race: Black and White Boundaries*. Chicago: University of Chicago Press; New York: Russell Sage Foundation.

Lamont, Michèle. 2000. *The Dignity of Working Men: Morality and the Boundaries of Race, Class, and Immigration*. Cambridge, MA: Harvard University Press; New York: Russell Sage Foundation.

Lamont, Michèle. 2012. "Toward a Comparative Sociology of Valuation and Evaluation," *Annual Review of Sociology* 38: 201–21.

Lamont, Michèle and Virag Molnar. 2002. "The Study of Boundaries in the Social Sciences," *Annual Review of Sociology* 28: 167–95.

Lamont, Michèle, Stefan Beljean, and Matthew Clair. 2014. "What is Missing? Cultural Processes and Causal Pathways to Inequality," *Socio-Economic Review* 3(1): 573–608.

Lamont, Michèle, Graziella Moraes Silva, Jessica S. Welburn, Joshua Guetzkow, Nissim Mizrachi, Hanna Herzog, and Elisa Reis. 2016. *Getting Respect: Responding to Stigma and Discrimination in the United States, Brazil, and Israel*. Princeton, NJ: Princeton University Press.

Lamont, Michèle, Laura Adler, Bo Yun Park, and Xin Xiang. 2017. "Bridging Cultural Sociology and Cognitive Psychology in Three Contemporary Research Programmes," *Nature Human Behaviour* 1: 866–72.

Lampel, Joseph, Teresa Lant, and Jamal Shamsie. 2000. "Balancing Act: Learning from Organizing Practices in Culture Industries," *Organization Science* 11(3): 263–9.

Lareau, Annette. 2012. *Unequal Childhoods: Class, Race, and Family Life*. Berkeley: University of California Press.

Lee, Hee-Jeong. 2018. "The Tension between Cultural Codes in South Korean Civil Society: The Case of the Electronic National Identification Card," *Cultural Sociology* 12(1): 96–115.

Lena, Jennifer. 2012. *Banding Together: How Communities Create Genres in Popular Music*. Princeton, NJ: Princeton University Press.

Leschziner, Vanina. 2015. *At the Chef's Table: Culinary Creativity in Elite Restaurants*. Stanford, CA: Stanford University Press.

Levin, Peter. 2004. "Gender, Work, and Time: Gender at Work and Play in Futures Trading," pp. 249–81 in Cynthia Fuchs Epstein and Arne L. Kalleberg (eds.) *Fighting for Time: Shifting Boundaries of Work and Social Life*. New York: Russell Sage Foundation.

Lichterman, Paul. 2005. *Elusive Togetherness: Church Groups Trying to Bridge America's Divisions*. Princeton, NJ: Princeton University Press.

Lichterman, Paul and Nina Eliasoph. 2014. "Civic Action," *American Journal of Sociology* 120(3): 798–863.

Lingo, Elizabeth and Stephen J. Tepper (eds.). 2013. "Patterns and Pathways: Artists and Creative Work in a Changing Economy," *Work and Occupations* 40(4).

Lizardo, Omar. 2012. "The Conceptual Bases of Metaphors of Dirt and Cleanliness in Moral and Non-Moral Reasoning," *Cognitive Linguistics* 23(2): 367–93.

Lizardo, Omar. 2017. "Improving Cultural Analysis: Considering Personal Culture in its Declarative and Non-Declarative Modes," *American Sociological Review* 82: 88–115.

Lizardo, Omar and Sara Skiles. 2015. "Musical Tastes and Patterns of Symbolic Exclusion in the United States 1993–2012: Dynamics of Conformity and Differentiation Across Generations," *Poetics* 53: 9–21.

Lopes, Paul. 1992. "Innovation and Diversity in the Popular Music Industry, 1969–1990," *American Sociological Review* 57(1): 56–71.

Lopes, Paul. 2002. *The Rise of the Jazz Art World*. Cambridge: Cambridge University Press.

Lopes, Paul. 2009. *Demanding Respect: The Evolution of the American Comic Book*. Philadelphia: Temple University Press.

Loveman, Mara, Jeronimo O. Muniz, and Stanley R. Bailey. 2012. "Brazil in Black and White? Race Categories, the Census, and the Study of Marginality," *Ethnic and Racial Studies* 35(8): 1466–83.

Lowenthal, Leo. 1950. "Historical Perspectives of Popular Culture," *American Journal of Sociology* 55(4): 323–32.

Lowenthal, Leo. 1961. "The Triumph of Mass Idols," pp. 109–40 in *Literature, Popular Culture, and Society*. Palo Alto, CA: Pacific Books.

Lukács, Georg. 1971 [1923]. *History and Class Consciousness*, trans. Rodney Livingstone. Cambridge, MA: MIT Press.

Lury, Celia. 2011. *Consumer Culture*. 2nd ed. Cambridge: Polity.

Martin, John Levi. 2003. "What is Field Theory?" *American Journal of Sociology* 109(1): 1–49.

Marx, Karl. 1978 [1846]. "The German Ideology," pp. 146–200 in Robert Tucker (ed.) *The Marx–Engels Reader*. 2nd ed. New York: Norton.

Mast, Jason L. 2013. *The Performative Presidency: Crisis and Resurrection during the Clinton Years*. Cambridge: Cambridge University Press.

Mast, Jason L. 2019. "Legitimacy Troubles and the Performance of Power in the 2016 US Presidential Election," pp. 243–66 in Jason L. Mast and Jeffrey C. Alexander (eds.) *Politics of Meaning/Meaning of Politics*. Cham, Switzerland: Palgrave Macmillan.

McCormick, Lisa. 2015. *Performing Civility: International Competitions in Classical Music*. Cambridge: Cambridge University Press.

McDonnell, Terence E. 2010. "Cultural Objects as Objects: Materiality, Urban Space, and the Interpretation of AIDS Campaigns in Accra, Ghana," *American Journal of Sociology* 115(6): 1800–52.

McDonnell, Terence E. 2016. *Best Laid Plans: Cultural Entropy and the Unraveling of AIDS Media Campaigns*. Chicago: University of Chicago Press.

Mears, Ashley. 2011. *Pricing Beauty: The Making of a Fashion Model.* Oakland: University of California Press.
Menger, Pierre-Michel. 1999. "Artistic Labor Markets and Careers," *Annual Review of Sociology* 25: 541–74.
Meyrowitz, Joshua. 1985. *No Sense of Place: The Impact of Electronic Media on Social Behavior.* New York: Oxford University Press.
Miller, Laura. 2006. *Reluctant Capitalists: Bookselling and the Culture of Consumption.* Chicago: University of Chicago Press.
Mora, G. Cristina. 2014. "Cross-Field Effects and Ethnic Classification," *American Sociological Review* 79(2): 183–210.
Mora, G. Cristina and Michael Rodríguez-Muñiz. 2017. "Latinos, Race, and the American Future: A Response to Richard Alba's 'The Likely Persistence of a White Majority,'" *New Labor Forum* 26(2): 40–6.
Mukerji, Chandra. 2009. *Impossible Engineering: Technology and Territoriality on the Canal du Midi.* Princeton, NJ: Princeton University Press.
Mukerji, Chandra. 2013. "Costume and Character in the Ottoman Empire: Dress as Social Agent in Nicolay's *Navigations*," pp. 151–69 in Paula Findlen (ed.) *Early Modern Things.* New York: Routledge.
Mukerji, Chandra. 2016. *Modernity Reimagined: An Analytic Guide.* New York: Routledge.
Mukerji, Chandra and Michael Schudson. 1991. *Rethinking Popular Culture.* Berkeley: University of California Press.
Mullaney, Jamie. 2001. "Like a Virgin: Temptation, Resistance, and the Construction of Identities Based on 'Not Doings,'" *Qualitative Sociology* 24(1): 3–24.
Nippert-Eng, Christena. 1996. *Home and Work: Negotiating Boundaries through Everyday Life.* Chicago: University of Chicago Press.
Nippert-Eng, Christena. 2010. *Islands of Privacy.* Chicago: University of Chicago Press.
Nisbet, Robert. 1993 [1966]. *The Sociological Tradition.* New Brunswick, NJ: Transaction Publishers.
Norton, Matthew. 2014a. "Classification and Coercion: The Destruction of Piracy in the English Maritime System," *American Journal of Sociology* 119(6): 1537–75.
Norton, Matthew. 2014b. "Mechanisms and Meaning Structures." *Sociological Theory* 32(2): 162–87.
Norton, Matthew. 2018a. "Meaning on the Move: Synthesizing Cognitive and System Concepts of Culture," *American Journal of Cultural Sociology* 7(1): 1–28.
Norton, Matthew. 2018b. "When Voters are Voting, What are They Doing? Symbolic Selection and the 2016 US Presidential Election," pp. 35–52 in Jason L. Mast and Jeffrey C. Alexander (eds.) *Politics of Meaning/Meaning of Politics.* Cham, Switzerland: Palgrave Macmillan.

Okin, Susan M. 1989. *Justice, Gender, and the Family.* New York: Basic Books.

Omi, Michael and Howard Winant. 1994. *Racial Formation in the United States from the 1960s to the 1990s.* New York: Routledge.

Ortner, Sherry. 1984. "Theory in Anthropology since the Sixties," *Comparative Studies in Society and History* 26(1): 126–66.

Oware, Matthew. 2014. "(Un)conscious (Popular) Underground: Restricted Cultural Production and Underground Rap Music," *Poetics:* 42: 60–81.

Panofsky, Aaron. 2014. *Misbehaving Science: Controversy and the Development of Behavior Genetics.* Chicago: University of Chicago Press.

Peterson, Richard A. 1990. "Why 1955? Explaining the Advent of Rock Music," *Popular Music* 9(1): 97–116.

Peterson, Richard A. 1997. *Creating Country Music: Fabricating Authenticity.* Chicago and London: University of Chicago Press.

Peterson, Richard A. and N. Anand. 2004. "The Production of Culture Perspective," *Annual Review of Sociology* 30: 311–34.

Peterson, Richard A. and Andy Bennett. 2004. "Introducing Music Scenes," pp. 1–15 in Andy Bennett and Richard A. Peterson (eds.) *Music Scenes: Local, Translocal, and Virtual.* Nashville TN: Vanderbilt University Press.

Peterson, Richard A. and David Berger. 1975. "Cycles in Symbol Production: The Case of Popular Music," *American Sociological Review* 40(2): 158–73.

Peterson, Richard A. and Roger Kern. 1996. "Changing Highbrow Taste: From Snob to Omnivore," *American Sociological Review* 61(5): 900–7.

Petridis, Alexis. 2019. "'Be Urself': Meet the Teens Creating a Generation Gap in Music," *The Guardian*, March 29.

Polletta, Francesca. 1998. "Contending Stories: Narratives in Social Movements," *Qualitative Sociology* 21(4): 419–46.

Polletta, Francesca, Pang Ching Bobby Chen, Beth Gharritty Gardner, and Alice Motes. 2011. "The Sociology of Storytelling," *Annual Review of Sociology* 37(1): 109–30.

Ragin, Charles C. and Lisa M. Amoroso. 2019. *Constructing Social Research: The Unity and Diversity of Method.* 3rd ed. Los Angeles: Sage.

Reckwitz, Andreas. 2002. "Toward a Theory of Social Practices: A Development in Culturalist Theorizing," *European Journal of Social Theory* 5(2): 243–63.

Reed, Isaac A. 2011. *Interpretation and Social Knowledge: On the Use of Theory in the Human Sciences.* Chicago: University of Chicago Press.

Reed, Isaac A. 2013. "Power: Relational, Discursive and Performative Dimensions," *Sociological Theory* 31(3): 193–218.

Reed, Isaac A. 2019. "Performative State-Formation in the Early American Republic," *American Sociological Review* 84(2): 1–34.
Rivera, Lauren A. 2015. *Pedigree: How Elite Students Get Elite Jobs*. Princeton, NJ: Princeton University Press.
Rohlinger, Deanna. 2015. *Abortion Politics, Mass Media, and Social Movements in America*. New York: Cambridge University Press.
Rossman, Gabriel, Nicole Esparza, and Phillip Bonacich. 2010. "I'd Like to Thank the Academy: Team Spillovers and Network Centrality," *American Sociological Review* 75(1): 31–51.
Roy, William. 1997. *Socializing Capital: The Rise of the Large Industrial Corporation in America*. Princeton, NJ: Princeton University Press.
Roy, William. 2010. *Reds, Whites, and Blues: Social Movements, Folk Music, and Race in the United States*. Princeton, NJ, and Oxford: Princeton University Press.
Sallaz, Jeffrey J. and Jane Zavisca. 2007. "Bourdieu in American Sociology 1980–2004," *Annual Review of Sociology* 33: 21–31.
Saussure, Ferdinand. 1990 [1916]. "Signs and Language," pp. 55–63 in Jeffrey C. Alexander and Steven Seidman (eds.) *Culture and Society: Contemporary Debates*. Cambridge: Cambridge University Press.
Savelsberg, Joachim. 2015. *Representing Mass Violence: Conflicting Responses to Human Rights Violations in Darfur*. Oakland: University of California Press.
Schroeder, Ralph. 1992. *Max Weber and the Sociology of Culture*. London: Sage.
Schudson, Michael. 1989. "How Culture Works: Perspectives from Media Studies on the Efficacy of Symbols," *Theory and Society* 18(2): 153–80.
Schwartz, Barry. 1981. *Vertical Classification: A Study in Structuralism and the Sociology of Knowledge*. Chicago: University of Chicago Press.
Sewell, William H., Jr. 1992. "A Theory of Structure: Duality, Agency and Transformation," *American Journal of Sociology* 98(1): 1–29.
Sewell, William H., Jr. 1996. "Historical Events as Transformations of Structure: Inventing Revolution at the Bastille," *Theory and Society* 25(6): 841–81.
Simko, Christina. 2015. *The Politics of Consolation: Memory and the Meaning of September 11*. New York: Oxford University Press.
Simmel, Georg. 1971. *On Individuality and Social Forms: Selected Writings*, ed. Donald Levine. Chicago: University of Chicago Press.
Skotnicki, Tad. 2017. "Commodity Fetishism and Consumer Sense: Turn-of-the-Twentieth-Century Consumer Activism in the United States and England," *Journal of Historical Sociology* 30(3): 619–49.
Smith, Christian. 2010. *What is a Person? Rethinking Humanity, Social Life, and the Moral Good from the Person Up*. Chicago and London: University of Chicago Press.

Smith, Philip. 2005. *Why War? The Cultural Logic of Iraq, the Gulf War, and Suez*. Chicago: University of Chicago Press.
Snow, David A., Robert D. Benford, Holly J. McCammon, Lyndi Hewitt, and Scott Fitzgerald. 2014. "The Emergence, Development, and Future of the Framing Perspective: 25+ Years since 'Frame Alignment,'" *Mobilization* 19(1): 23–45.
Spillman, Lyn. 1995. "Culture, Social Structure, and Discursive Fields," *Current Perspectives in Social Theory* 15: 129–54.
Spillman, Lyn. 1997. *Nation and Commemoration: Creating National Identities in the United States and Australia*. Cambridge: Cambridge University Press.
Spillman, Lyn. 2012a. "Culture and Economic Life," pp. 157–89 in Jeffrey C. Alexander, Ronald N. Jacobs, and Philip Smith (eds.) *Oxford Handbook of Cultural Sociology*. New York: Oxford University Press.
Spillman, Lyn. 2012b. *Solidarity in Strategy: Making Business Meaningful in American Trade Associations*. Chicago: University of Chicago Press.
Spillman, Lyn. 2016. "Culture," in George Ritzer (ed.) *The Blackwell Encyclopedia of Sociology*. 2nd ed. *Blackwell Reference Online*, November 29. DOI: 10.1111/B.9781405124331.2007.00003.x
Spillman, Lyn and Sorcha Brophy. 2018. "Professionalism as a Cultural Form: Knowledge, Craft, and Moral Agency," *Journal of Professions and Organization* 5(2): 155–66.
Spillman, Lyn and Russell Faeges. 2005. "Nations," pp. 409–37 in Julia Adams, Elisabeth S. Clemens, and Ann Shola Orloff (eds.) *Remaking Modernity: Politics and Processes in Historical Sociology*. Durham, NC: Duke University Press.
Steinmetz, George. 1999. *State/Culture: State-Formation after the Cultural Turn*. Ithaca, NY: Cornell University Press.
Steinmetz, George. 2007. *The Devil's Handwriting: Precoloniality and the Genesis of the Colonial State in Qingdao, Samoa and Southwest Africa*. Chicago and London: University of Chicago Press.
Stocking, George W., Jr. 1968. *Race, Culture and Evolution*. New York: Free Press.
Strand, Michael. 2015. "The Genesis and Structure of Moral Universalism: Social Justice in Victorian England, 1834–1901," *Theory and Society* 44(6): 537–73.
Swidler, Ann. 2001. *Talk of Love: How Culture Matters*. Chicago: University of Chicago Press.
Tavory, Iddo and Ann Swidler. 2009. "Condom Semiotics: Meaning and Condom Use in Rural Malawi," *American Sociological Review* 74(2): 171–89.
Thomas, William I. and Dorothy S. Thomas. 1928. *The Child in America*. New York: Alfred A. Knopf.
Thompson, John B. 1990. *Ideology and Modern Culture: Critical*

Social Theory in an Era of Mass Communications. Cambridge: Polity.

Thornton, Patricia H., William Ocasio, and Michael Lounsbury. 2012. *The Institutional Logics Perspective: A New Approach to Culture, Structure, and Process*. New York: Oxford University Press.

Vaisey, Stephen. 2009. "Motivation and Justification: A Dual-Process Model of Culture in Action," *American Journal of Sociology* 114(6): 1675–715.

Van Maanen, John and Stephen Barley. 1984. "Occupational Communities: Culture and Control in Organizations," pp. 287–365 in Barry M. Staw and Larry I. Cummings (eds.) *Research in Organizational Behavior*, Vol. 6. Greenwich, CT: JAI Press.

Vera, Hector. 2016. "Rethinking a Classic: *The Social Construction of Reality* at 50," *Cultural Sociology* 10(1): 3–20.

Wagner-Pacifici, Robin. 2010. "The Cultural Sociological Experience of Cultural Objects," pp. 110–18 in John R. Hall, Laura Grindstaff, and Ming-Cheng Lo (eds.) *Handbook of Cultural Sociology*. London and New York: Routledge.

Wagner-Pacifici, Robin and Barry Schwartz. 1991. "The Vietnam Veterans Memorial: Commemorating a Difficult Past," *American Journal of Sociology* 97(2): 376–420.

Waidzunas, Tom. 2015. *The Straight Line: How the Fringe Science of Ex-Gay Therapy Reoriented Sexuality*. Minneapolis: University of Minnesota Press.

Warde, Alan. 2015. "The Sociology of Consumption: Its Recent Development," *Annual Review of Sociology* 41: 117–34.

Weber, Max. 1998 [1904–5]. *The Protestant Ethic and the Spirit of Capitalism*, trans. Stephen Kalberg. 2nd ed. Los Angeles: Roxbury.

Weber, Klaus, Kathryn Heinze, and Michaela DeSoucey. 2008. "Forage for Thought: Mobilizing Codes in the Movement for Grass-Fed Meat and Dairy Products," *Administrative Science Quarterly* 53(3): 529–67.

White, Harrison and Cynthia White. 1993 [1965]. *Canvases and Careers: Institutional Change in the French Painting World*. 2nd ed. Chicago: University of Chicago Press.

Williams, Raymond. 1973. "Base and Superstructure in Marxist Cultural Theory," *New Left Review* 82(1): 3–16.

Williams, Raymond. 1976. *Keywords: A Vocabulary of Culture and Society*. New York: Oxford University Press.

Wood, Michael, Dustin Stoltz, Justin Van Ness, and Marshall Taylor. 2018. "Schemas and Frames," *Sociological Theory* 36(3): 244–61.

Wuthnow, Robert. 1989. *Communities of Discourse: Ideology and Social Structure in the Reformation, the Enlightenment, and European Socialism*. Cambridge, MA: Harvard University Press.

Wuthnow, Robert. 1992. "Infrastructure and Superstructure: Revisions in Marxist Sociology of Culture," pp. 145–70 in Richard Munch and Neil Smelser (eds.) *Theory of Culture*. Berkeley: University of California Press.

Xu, Xiaohong and Philip Gorski. 2010. "The Cultural of the Political: Towards a Cultural Sociology of State Formation," pp. 535–46 in John R. Hall, Laura Grindstaff, and Ming-Cheng Lo (eds.) *Handbook of Cultural Sociology*. London and New York: Routledge.

Zelizer, Viviana A. 1983. *Morals and Markets: The Development of Life Insurance in the United States*. New Brunswick, NJ: Transaction Publishers.

Zelizer, Viviana A. 2005. "Culture and Consumption," pp. 331–54 in Neil J. Smelser and Richard Swedberg (eds.) *The Handbook of Economic Sociology*. 2nd ed. Princeton, NJ, Oxford: Princeton University Press; New York: Russell Sage Foundation

Zerubavel, Eviatar. 1981. *Hidden Rhythms: Schedules and Calendars in Social Life*. Chicago: University of Chicago Press.

Zerubavel, Eviatar. 1991. *The Fine Line: Making Distinctions in Everyday Life*. New York: Free Press.

Zerubavel, Eviatar. 1997. *Social Mindscapes: An Invitation to Cognitive Sociology*. Cambridge, MA: Harvard University Press.

Zerubavel, Eviatar and Eliot R. Smith. 2010. "Transcending Cognitive Individualism," *Social Psychological Quarterly* 73(4): 321–5.

Zolberg, Vera. 1990. *Constructing a Sociology of the Arts*. Cambridge: Cambridge University Press.

Zolberg, Vera. 2015. "Outsider Art: From the Margins to the Center?" *Sociologica & Antropologia* 5(2): 501–14.

Zolberg, Vera and Joni Maya Cherbo (eds.) 1997. *Outsider Art: Contesting Boundaries in Contemporary Culture*. Cambridge and New York: Cambridge University Press.

Zuboff, Shoshana. 2018. *The Age of Surveillance Capitalism*. New York: Public Affairs.

Zubrzycki, Geneviève. 2013. "Aesthetic Revolt and the Remaking of National Identity in Québec," *Theory and Society* 42(5): 423–75.

Zuckerman, Ezra. 2004. "Structural Incoherence and Stock Market Activity," *American Sociological Review* 69(3): 405–32.

索 引

（此处页码为英文原书页码，即本书边码）

A

A&R brokers A&R 经纪人 88
Abramson, Corey M. 科里·M. 艾布拉姆森 18, 60
action 行动
 cultural forms 文化形式 51, 53, 61
 cultural repertoires 文化剧目 58-61
 interaction 互动 15, 49-50, 51
 situated 情境化 69
 strategies of 行动策略 72, 108
 see also strategic action fields 也见 战略行动场域
actors 行动者
 field 场域 93, 95
 Goffman 戈夫曼 65, 66
 human rights 人权 97
 narrative 叙事 42
 performance 展演 67
 situations 情境 53
 social 社会行动者 69
 symbolic forms 符号形式 34

Adams, Julia 茱莉亚·亚当斯 79
Adolphs, Ralph 拉尔夫·阿道夫斯 28
Adorno, Theodor 西奥多·阿多诺 77-78, 83
adulthood 成年期 5-6, 28, 29, 31
advertising 广告 45, 78
aesthetic values 审美价值 4, 27, 33, 45, 57, 84-85, 94
Africa, sub-Saharan 撒哈拉以南非洲地区 41
age categories 年龄范畴（类别）5-6
agency/structure 能动 / 结构 14, 102, 103
aging 老龄化 17, 18, 19, 60-61
AIDS prevention 艾滋病预防 41
Aiello, Giorgia 乔吉娅·艾洛 24
Alexander, Jeffrey C. 杰弗里·亚历山大
 American politics 美国政治 39-40, 69
 democratization 民主化 81
 iconic power 标志性力量 45
 performance 展演 54-55, 66
 signs/discourses 符号 / 话语 37
 social movements 社会运动 68

sociological view of culture 关于文化的社会学观点 10, 17, 36
Alexander, Victoria D. 维多利亚·D. 亚历山大 84
Amoroso, Lisa M. 丽萨·M. 阿莫罗索 52
analysis 分析
　　binary codes 二元编码 26, 41, 42
　　discursive fields 话语场域 30, 38
　　meaning-making 意义生成 48, 101, 118
　　performance 展演 54, 55, 71, 72
　　schemas 图式 47, 48
　　signs 符号 22-23, 27
　　symbolic forms 符号形式 22, 72, 101, 104-105, 112, 113
　　see also cultural analysis; discourse analysis 也见 文化分析；话语分析
Anand, N. N. 阿南德 86, 87
Anderson, Elijah 伊莱贾·安德森 50
Andrews, Kenneth T. 肯尼斯·T. 安德鲁斯 32
Anheier, Helmut 赫尔穆特·安海尔 94
anthropology 人类学 9, 10, 105
Arnold, Matthew 马修·阿诺德 8
art 艺术 78, 84, 86
　　see also visual arts 也见 视觉艺术
articulation 接合
　　context/culture 背景（语境）/文化 79, 80-83, 84, 106, 116
　　institutions 制度/机构 109
　　meaning-making 意义生成 73, 80, 85

reflection theory 反映论 85
symbolic forms 符号形式 85, 98, 106
artists 艺术家 86, 87, 88, 89-90
arts 各种艺术
　　aesthetic values 审美价值 84
　　field analysis 场域分析 94-95
　　genre 体裁 99
　　popular culture 流行文化 8
　　production-of-culture approach 文化生产路径 86
audience 受众 66, 67, 73, 78-79, 83
Australia 澳大利亚 59-60, 81
authenticity 本真性（纯正）40, 65, 66
authors 作者 29, 109-110
autobiography 自传 29
autonomy 自主性
　　aesthetic 审美 84
　　authors 作者 109-110
　　brokers 经纪人 78
　　fields 场域 94-95, 97, 98
　　and heteronomy 自主性与他律性 96, 98, 99, 105, 106, 110
　　meaning-making 意义生成 93
　　publishing 出版 89, 109
　　radio industry 广播业 74

B

Bandelj, Nina 尼娜·班德尔 68, 82
Barley, Stephen 斯蒂芬·巴利 62
Barthes, Roland 罗兰·巴特 23-24, 50,

202　什么是文化社会学？

57, 73
Bartmanski, Dominik 多米尼克·巴特曼斯基 45
Baumann, Shyon 施恩·鲍曼 84
Becker, Howard S. 霍华德·贝克尔 84, 86
Beckert, Jens 延斯·贝克特 83
behavioral genetics 行为遗传学 95
Benedict, Ruth 露丝·本尼迪克特 6
Bennett, Andy 安迪·本尼特 63, 65
Benson, Rodney 罗德尼·本森 34, 96
Beresford, James 詹姆斯·贝雷斯福德 42
Berezin, Mabel 梅贝尔·贝雷津 81
Berger, David 戴维·伯格 88
Berger, Peter L. 彼得·伯格
  action/interaction 行动/互动 49–50
  meaning-making 意义生成 73
  primary socialization 初级社会化 53
  signs 符号 15
  The Social Construction of Reality 《现实的社会建构》 102, 108
  social structure/culture 社会结构/文化 74
  see also social construction of reality (Berger & Luckmann) 也见 现实的社会建构（伯格和卢克曼）
Berman, Elizabeth 伊丽莎白·伯曼 35
Berrey, Ellen 艾伦·贝里 81
Bianchi, Renzo 伦佐·比安奇 57
bias 偏好 17–18, 58
Bielby, Denise D. 丹妮丝·贝尔比 79, 88, 90, 91
Bielby, William T. 威廉·贝尔比 79, 88, 90
billboards, decaying 风化的广告牌 15, 45
binary codes 二元编码
  analysis 分析 26, 41, 42
  discourse analysis 话语分析 26, 39–40, 47, 107, 116
  meaning-making 意义生成 39
  politics 政治 40
  symbolic forms 符号形式 48, 105, 107–108
Blair-Loy, Mary 玛丽·布莱尔-洛伊 33, 39
bluegrass 蓝草（音乐） 43
blues 蓝调（音乐） 65
Boltanski, Luc 卢克·波尔坦斯基 35
Bonikowski, Bart 巴特·博尼科夫斯基 81
books 图书 82, 109
  see also publishing industry 也见 出版业
boundaries 边界 31, 32
  see also symbolic boundaries 也见 符号边界
Bourdieu, Pierre 皮埃尔·布尔迪厄
  cultural distinction 文化区隔 31, 32
  Distinction 《区隔》 56–57
  field theory 场域理论 79, 85–91, 92–94, 99, 106
  habitus 惯习 53, 55–56, 57, 60, 61
  illusio 幻象 93

索引 203

naming 命名 30-31
nation-state 民族国家 96
practice theory 实践理论 53
social class/taste 社会阶级／品味 57, 58
social objects 社会客体 99
social theories 社会理论 80
status 地位 44
Bowler, Ann 安・鲍勒 84
Braunstein, Ruth 露丝・布劳恩斯坦 37
Brazil 巴西 31
Breckhus, Wayne 韦恩・布雷克胡斯 29, 31
Brisson, Romain 罗曼・布里松 57
brokers 经纪人 78, 88, 89-90, 109-110
Brophy, Sorcha 索尔查・布罗菲 6
Bryson, Bethany 贝瑟尼・布莱森 32, 58
Buchholz, Larissa 莱丽莎・布赫霍尔茨 94
Bullard, Ashley 阿什利・布拉德 42
Burj Khalifa 哈利法塔 46
business 商业 30, 56, 62
Butler, Judith 朱迪斯・巴特勒 68

C

Çaksu, Ali 阿里・恰克苏 7
categories 范畴
　　critical sensitivity to 高敏感度 4, 5-6, 102
　　cuisine 烹饪风格 30

cultural 文化范畴 18, 31
evaluation 评价 25-26, 35
meaning-making 意义生成 20
publishing industry 出版业 107
racial 种族范畴 30, 31, 32, 41-42
schemas 图式 33
sexual 性范畴 32
signs 符号 15
social context 社会背景 29
sociological approach 社会学路径 12-13, 19
symbolic forms 符号形式 32
see also boundaries; cognitive categories
也见 边界；认知范畴
cattle, grass-fed 草饲牛 40-41
census categories 人口普查分类 31
Cerulo, Karen 凯伦・塞鲁洛 24, 25, 26, 28, 39
Chan, Cheris 陈纯菁 82
change 变迁
　　cultural conflict 文化冲突 5
　　cultural forms 文化形式 116
　　cultural objects 文化客体 27, 43
　　cultural repertoire 文化剧目 58
　　cultural reproduction 文化再生产 79, 81, 98, 106, 109
　　genres 体裁 43
　　groups 群体 61
　　ideology 意识形态 80
　　material 物质的 45

socio-historical context 社会历史背景 74, 76, 79, 80–81, 82, 84, 117

technology 技术 45, 73, 86, 87, 99, 116

see also innovation 也见 创新

chefs 主厨 62, 94–95

see also cuisine; restaurant industry 也见 烹饪风格；餐饮业

Cherbo, Joni Maya 乔妮·玛雅·切尔博 85

Chicago School 芝加哥学派 51

childhood 童年 15, 82

child-rearing 养育孩子 57–58

"Children's Parade," Norway 挪威的 "儿童游行" 2–3

Childress, Clayton 克莱顿·柴尔德斯 85, 89

China 中国 94

Christian nationalism 基督教民族主义 37

circulation 循环／流通 27, 44, 77–78, 98, 99

citizenship 公民身份／公民权 31

civil rights movement 民权运动 42

classical music 古典音乐 68, 85

classification 分类 28

climate change 气候变化 38

Clinton, Bill 比尔·克林顿 69

clothing 着装 3

cognitive categories 认知范畴 25–26, 28–31, 44, 47, 49, 105

cognitive psychology 认知心理学 105

collective conscience 集体意识 10, 11, 12, 102

collective identities 集体身份认同 103

collective representations 集体表象 67

colonialism 殖民主义 81

comic books 漫画书 89

commensuration 通约 26, 35, 36, 49, 105, 107

commodification 商品化 78

communicative practices 沟通实践 66–68, 83

concept 概念 13–14, 16, 88, 102

conceptual tools 概念工具 104, 105, 106, 115–118

condom use 使用避孕套 41

conflict/consensus 冲突／共识 14, 19, 40, 102, 103

consumerism 消费主义 3, 19, 78, 82, 86, 115–116

contexts 背景（语境）

culture 文化 79, 80–83, 84, 106, 116

intentionality 意向性 48

interaction 互动 52–53, 105–106

meaning-making 意义生成 69–70

symbolic forms 符号形式 75

see also social contexts; socio-historical context 也见 社会背景；社会历史背景

convention 传统的／常规的 25, 29, 49, 65, 75, 105

Cook, Daniel 丹尼尔·库克 82

co-production 共同生产 90-91
copyright 版权 87
Corse, Sarah 萨拉·科尔斯 85
country music 乡村音乐 65, 83
craft production 工匠式生产 89
Crane, Diana 戴安娜·克兰 84, 86, 91
critical reflection 批判性反思 64
cuisine 烹饪风格 30-31, 94-95, 99, 117
cultural analysis 文化分析
    Durkheim 涂尔干 10
    intentionality/referentiality 意向性／指涉性 71
    meaning-making 意义生成 48
    symbolic forms 符号形式 48
    types 风格 27, 117
    What is Cultural Sociology?
《什么是文化社会学?》107-118
cultural capital 文化资本 58, 99, 106
cultural conflicts 文化冲突 5, 6, 17, 20, 47
cultural difference 文化差异 2, 3, 4-5, 6-9, 7, 17, 19-20, 47
cultural fields 文化场域 92-98
cultural forms 文化形式
    action 行动 51, 53, 61
    analyzing 分析 19-21, 22, 25, 33, 70, 116
    change 变迁 116
    discourses 话语 37, 80
    frames 框架 34
    genre 体裁 42-43

landscapes of meaning 意义景观 46-47
materiality 物质性 44
meaning-making 意义生成 50, 51, 71
schemas 图式 33, 34
shared 共享文化形式 75
sociological approaches 社会学路径 26
symbols 符号 27
cultural objects 文化客体 15, 22, 26-27, 43-44, 116
cultural production 文化生产 75-76, 86, 87-88, 91
    see also production-of-culture approach 也见 文化生产路径
cultural repertoire 文化剧目 55, 58-61, 70, 72
cultural reproduction 文化再生产 79-85, 98, 106, 109, 117
cultural sociology 文化社会学 1
    debates 争论 112-115
    historicized 历史化 85
    meaning-making 意义生成 12-15
    and sociology of culture 文化社会学与关于文化的社会学 113
culture 文化 6-9, 102
    categories 范畴 18, 31
    distinctions 区隔 31-32
    emergent 突生 36
    mass production 大规模生产 78
    meaning-making 意义生成 6, 103
    mediatization 媒介化 77

social structures 社会结构 74-75, 76, 98, 106
sociological analysis 社会学分析 10, 16-17, 36
sociology 社会学 9-12
transnational 跨国文化社会学 91
see also cultural analysis; popular culture 也见 文化分析；流行文化
culture industries 文化产业（文化工业）86, 89-90, 103

D

Daloz, Jean-Pascal 让 - 帕斯卡·达洛兹 58
D'Andrade, Roy 丹·德拉德 32-33
Darfur 达尔富尔 38-39
Darnesi, Marcel 马塞尔·达内斯 83
Dayan, Daniel 丹尼尔·戴扬 67
de la Fuente, Eduardo 爱德华多·德拉富恩特 84
Debs, Mira 米拉·戴布斯 46
DeGloma, Thomas 托马斯·德格洛马 29
democratization 民主化 81, 116
DeNora, Tia 蒂亚·德诺拉 85
DeSoucey, Michaela 迈克尔拉·德苏西 40
Dhaouadi, Mahmoud 马哈茂德·达瓦迪 7
digital co-production 数字共同生产 90
DiMaggio, Paul 保罗·迪马乔 28, 43, 78, 79, 84, 86, 88, 92
diplomats 外交官 38, 97
dirt category 污秽范畴 28
discourse analysis 话语分析 26, 37, 39-40, 47, 107, 116
discourses 话语 26, 36-38, 37, 80, 83
discrimination 歧视 24, 32
discursive fields 话语场域
　analysis 分析 30, 38
　conflict/consensus 冲突／共识 40
　creation of 创造话语场域 80
　cultural structure 文化结构 107-108
　discourse 话语 26, 36-38
　meaning-making 意义生成 49, 51, 105
　narrative 叙事 41-42
　schemas 图式 39
Distinction (Bourdieu)《区隔》（布尔迪厄）56-57
distribution 区隔 87, 91
Dobbin, Frank 弗兰克·多宾 82
Doctors Without Borders 无国界医生 97
domination 支配 10, 78, 101, 103, 110, 118
Douglas, Mary 玛丽·道格拉斯 28
Driver, Christopher 克里斯托弗·德里弗 65
drug-dealers 贩毒者 50-51, 52
Duck, Waverly 韦弗利·达克 50, 52
Durkheim, Émile 埃米尔·涂尔干 10, 11, 28, 39, 55

E

Eagleton, Terry 特里·伊格尔顿 8, 10
economic capital 经济资本 99, 106
economic sociology 经济社会学 82, 83, 92
economics/politics 经济/政治 8, 9, 13, 102
Eisenstein, Elizabeth A. 伊丽莎白·艾森斯坦 87
Elgenius, Gabriella 加布里埃拉·埃尔根纽斯 2, 3, 81
Eliasoph, Nina 尼娜·埃利亚索夫 54, 63-65, 64
elites 精英
 cuisine 烹饪风格 31, 94-95, 117
 high/popular culture 高雅文化/流行文化 84
 hiring for jobs 招聘 17, 58, 68
 sports 体育运动 57
 Vietnam 越南 19
empirical studies 经验研究 79, 106, 111
environmental issues 环境议题 17, 19
Epstein, Cynthia F. 辛西娅·F.爱泼斯坦 31
Espeland, Wendy 温迪·埃斯佩兰 35
ethnicity 族群性 30-31, 38
ethnography 民族志 51, 70
evaluation 评价
 categories 范畴 25-26, 35

groups 群体 28
material symbols 物质符号 44
meaning-making 意义生成 13, 20, 35, 36
moral judgements 道德判断 4-5
schema/frame 图式/框架 35, 36
sensitivity to 敏感度 10, 19-20, 101-102, 103
signs 符号 15
sociological approach 社会学路径 12
symbolic boundaries 符号边界 110-111
Evans, J.A. J.A.埃文斯 7
explanation/interpretation 诠释/解释 12, 13, 14, 102, 103
Eyerman, Ron 罗恩·艾尔曼 84

F

Faeges, Russell 拉塞尔·费格斯 81
fans 乐迷 83
Farrell, Justin 贾斯汀·法瑞尔 18
Featherstone, Mike 迈克·费瑟斯通 10
Ferguson, Priscilla 普里西拉·弗格森 95
field theory 场域理论
 autonomous/heteronomous 自主/他律 98
 Bourdieu 布尔迪厄 79, 85-91, 92-94, 99, 106
 local/transnational 地方/跨国 97-98
 meaning-making 意义生成 92
fields 场域 93, 94-95, 97-98, 99, 110

film as art 电影作为一种艺术 84
financial traders 金融交易员 64
Fine, Gary Alan 加里·艾伦·法恩 54, 61, 62, 85
Fishman, Robert 罗伯特·菲什曼 81
Fiske, John 约翰·费斯克 79
flags 旗帜 44
Flaubert, Gustave 居斯塔夫·福楼拜 94
Fligstein, Neil 尼尔·弗利格斯坦 82-83, 88, 92, 96-97
folk music 民谣 83
foreign investment 外国投资 82
Fourcade, Marion 马里昂·富尔卡德 35
frames 框架
    as conceptual tool 作为一种概念工具 105, 115-116
    Goffman 戈夫曼 33
    meaning-making 意义生成 49
    narrative 叙事 41, 42
    schemas 图式 25-26, 34-35, 36
    What is Cultural Sociology?《什么是文化社会学？》107
France 法国
    immigration news 移民新闻 34
    impressionism 印象派 84
    journalistic fields 新闻场域 96
    literature 文学 94
    symbolic boundaries 符号边界 31-32
French Revolution 法国大革命 80
Frisby, David 大卫·弗里斯比 10

frontier novels 拓荒小说 87
functionalism 功能主义 76
Furstenburg, Frank F., Jr. 小弗兰克·F. 弗斯滕伯格 6

G

Gans, Herbert 赫伯特·甘斯 84
Gauchat, Gordon 戈登·高夏特 32
Geertz, Clifford 克利福德·格尔茨 22-23, 52
Gellner, Ernest 厄内斯特·盖尔纳 7
gender differences 性别差异 3, 33
gender hierarchy 性别等级体系 64, 71
gender roles 性别角色 5, 19
genres 体裁 49, 116
    arts 艺术 99
    change 变迁 43
    cultural forms 文化形式 42-43
    cultural objects 文化客体 26
    formulaic 公式化 88
    music 音乐 43, 65, 68, 74, 83-84, 90, 94
    national limitations 国家限制 112
    norms 规范 86
    popular culture 流行文化 99
    speech 言说 81
    symbolic categories 符号范畴 84
    What is Cultural Sociology?《什么是文化社会学？》108, 110-11
Gerber, Alison 艾利森·杰伯 85

索引 209

Germany 德国 94
Giddens, Anthony 安东尼·吉登斯 80
Gieryn, Thomas 托马斯·吉恩 32, 44
Ginzburg, Carlo 卡洛·金茨伯格 7
Gitlin, Todd 托德·吉特林 88
globalization 全球化 17, 18–19, 82, 90, 91
Goffman, Erving 欧文·戈夫曼
　frames 框架 33
　interaction 互动 53, 54, 65, 66, 68, 70
　theatrical metaphors 戏剧比拟 106
Gorski, Philip 菲利普·戈尔斯基 81
Gottdiener, Mark 马克·戈特迪纳 80
government officials 政府官员 16
graduation rituals 毕业典礼 2
grammatic structures 语法结构 24, 25, 26, 39, 40
Gramsci, Antonio 安东尼奥·葛兰西 76
Grazian, David 大卫·格拉齐安 63, 65, 83
Greenfeld, Liah 莉亚·格林菲尔德 81
Griswold, Wendy 温迪·格里斯伍德 8, 43, 85, 87
group scenes 群体场景 72
group styles 群体风格 54, 55, 63–64, 71, 72, 106, 109
groups 群体 1, 3
　aesthetic values 审美价值 4
　cognitive categories 认知范畴 29
　culture 文化 7
　　evaluation 评价 28

　ignored/misunderstood 忽略/误解 52–53
　innovation 创新 61
　online 在线 61–62
　racialized 种族化 32
　scenes 场景 72
　small 小群体 61–62, 70, 109
　social life 社会生活 54
　socialization 社会化 11, 61
　subcultures 亚文化 54, 55
　symbolic boundaries 符号边界 25–26, 54
grunge rock 垃圾摇滚 65

H

habitus 惯习
　Bourdieu 布尔迪厄 53, 55–56, 57, 60, 61
　interaction 互动 70
　meaning-making 意义生成 56, 106
　practice 实践 55–56, 72
　and repertoire 惯习和剧目库 114, 116
　social class 社会阶级 56–57, 73
　taste 品味 57–58
What is Cultural Sociology?《什么是文化社会学?》108
Hall, John R. 约翰·霍尔 17, 38
Hanquinet, Laurie 劳里·汉基内 58
Harrington, Brooke 布鲁克·哈灵顿 54, 61

Harrington, C. Lee C. 李·哈灵顿 91
Haveman, Heather 海瑟·哈夫曼 77
health/aging 健康／老龄化 17, 18, 19
Hebdige, Dick 迪克·赫布迪奇 63
Heinze, Kathryn 凯瑟琳·海因茨 40
Herder, Johann Gottfried von 约翰·戈特弗里德·冯·赫尔德 8-9
Herodotus 希罗多德 7
heteronomy: see autonomy, and heteronomy 他律性：见 自主性，以及他律性
hiring process 招聘过程 17-18, 19, 58, 68
Hirsch, Paul 保罗·赫希 86, 88
Hirschman, Daniel 丹尼尔·赫希曼 35
historical context 历史背景 80-83, 106, 116
    see also socio-historical context 也见 社会历史背景
historical sociology 历史社会学 79
Hoang, Kimberly K. 金伯利·黄 19
home 家 29
Horkheimer, Max 马克斯·霍克海默 77-78, 83
human rights 人权 96-97
humanitarian organizations 人道主义组织 97, 99

I

Ibn Khaldun 伊本·赫勒敦 7
iconic power 标志性力量 27, 45, 47
iconicity 标志性 45-46, 49, 105, 108
identification cards 身份证件 40
identities 身份／认同 37, 59-60, 103
ideology 意识形态 10, 11, 76, 80, 102
"Ideology as a Cultural System" (Geertz) "意识形态作为一种文化系统"（格尔茨）22-23
idiocultures 小群体文化 54-55, 61-63, 70, 72, 106, 109
    see also subcultures 也见 亚文化
Ikegami, Eiko 池上英子 77, 81
illusio 幻象 93
immigration news 移民新闻 34
impressionism 印象派 84
Industrial Revolution 工业革命 8
industry structure 产业结构 82, 86, 87-88, 90, 99
inequality 不平等 13, 17-18, 20, 25, 50-51, 58
information revolution 信息革命 77
innovation 创新
    cultural 文化创新 78, 80, 86
    groups 群体 61
    music 音乐 43, 79, 88
    organizational structure 组织结构 88-89, 90
    production-of-culture 文化生产 99
    publishing 出版 89
symbolic forms 符号形式 104-105
theory/methodology 理论／方法论 111

and tradition 创新与传统 4
war memorials 战争纪念碑 46
see also change 也见 变迁
insider/outsider demarcations 自己人/外人的划分 54
institutional logics perspective 制度逻辑视角 92
institutions 制度/机构 72–73, 77, 109
　see also social institutions 也见 社会制度
intellectual property law 知识产权法 87
intentionality 意向性
　cultural analysis 文化分析 71
　meaning-making 意义生成 54–55, 71
　patterns 模式 52–53
　performance 展演 68
　referentiality 指涉性 48, 51–55, 68, 71
　situations 情境 53–54
　symbolic forms 符号形式 51–52, 75
interaction 互动
　action 行动 15, 49–50, 51
　analysis of 互动分析 104
　contexts 背景 52–53, 105–106
　Goffman 戈夫曼 53, 54, 65, 66, 68, 70
　habitus 惯习 70
　inequality 不平等 50–51
　large-scale 大规模互动 66, 71
　meaning-making 意义生成 5, 15, 16, 49, 72, 90–91, 101, 104–105, 106, 108, 114, 116

norms 规范 5
performance 展演 71
practice 实践 76
situations 情境 54, 60, 64, 66, 69, 106
subcultures 亚文化 90–91
symbolic forms 符号形式 60, 105–106, 113–114
interdisciplinary influences 跨学科影响 48, 118
International Criminal Court 国际刑事法院（ICC）97
interpretation 诠释 11
　action/interaction 行动/互动 15
　audience 受众 24, 73
　explanation 解释 12, 13, 14, 102, 103
　narrative 叙事 26, 42
　schemas 图式 32
　sports 体育运动 70
　symbolic forms 符号形式 46–47, 56
Irish tenant farmers 爱尔兰佃农 42
Irrigation Association 灌溉协会 30

J

Jacobs, Ronald N. 罗纳德·N. 雅各布斯 38, 41–42
Jacques, Scott 斯科特·雅克 50
Jameson, Fredric 詹明信 80
Japan 日本 38, 77, 81
jazz 爵士 65, 83–84
journalism 新闻业 16, 96, 99

K

Kane, Anne 安·凯恩 42
Katz, Elihu 伊莱休·卡茨 67
Kern, Roger 罗杰·克恩 58
Kidd, Dustin 达斯汀·基德 83
kitchen workers 厨房工作人员 62
　　see also chefs 也见 主厨
Kluckhohn, Clyde 克莱德·克拉克洪 9
Koblin, John 约翰·科布林 90
Krause, Monika 莫妮卡·克劳斯 94
Kreiss, Daniel 丹尼尔·克莱斯 30
Kroeber, A.L. A.L. 克罗伯 9
Kuipers, Giselinde 吉塞琳德·库珀斯 91
Kuper, Anam 阿纳姆·库珀 9

L

labels 标签 30, 41
Lachman, Richard 理查德·拉赫曼 79
Lamont, Michèle 米歇尔·拉蒙 29, 31–32, 35, 58
Lampel, Joseph 约瑟夫·兰佩尔 88, 89
Land War 土地战争 42
landscapes of meaning 意义景观 46–47, 105
language 语言 3–4, 23, 36
Lareau, Annette 安妮特·拉鲁 57–58
law and regulation 法律和监管 87, 99
Lee, Hee-Jeong 李熙贞 40
Lena, Jennifer 珍妮弗·莱纳 43, 65, 83, 90
Leschziner, Vanina 瓦尼娜·莱施齐纳 30, 31, 94–95, 96
Levin, Peter 彼得·莱文 64
licensing 许可 87
Lichterman, Paul 保罗·利希特曼 54, 63–85
life insurance 人寿保险 82
Lingo, Elizabeth 伊丽莎白·林戈 89
literary criticism 文学批评 105
literature 文学 85, 87, 94
Lizardo, Omar 奥马尔·利萨尔多 28, 58, 81
Lopes, Paul 保罗·洛佩斯 83, 89
love 爱 59
Loveman, Mara 玛拉·拉夫曼 31
Lowenthal, Leo 利奥·洛文塔尔 76, 83
Luckmann, Thomas 托马斯·卢克曼
　　action/interaction 行动/互动 49–50
　　meaning-making 意义生成 73
　　primary socialization 初级社会化 53
　　signs 符号 15
　　The Social Construction of Reality 《现实的社会建构》 102, 108
　　social structure 社会结构 74
　　see also social construction of reality 也见 现实的社会建构
Lukács, Georg 格奥尔格·卢卡奇 76
Lury, Celia 西莉亚·拉里 82

索引　213

M

markets 市场 82-83, 87, 88, 99
Martin, John Levi 约翰·李维·马丁 92
Marx, Karl 卡尔·马克思 10, 11, 76
mass communication 大众传播 76-78
mass culture theory 大众文化理论 86
mass production 大规模生产 16, 78
Mast, Jason 贾森·马斯特 69
materiality 物质性 27, 43-46, 47, 49, 105, 108
McAdam, Douglas 道格拉斯·麦克亚当 92, 96-97
McCain, John 约翰·麦凯恩 69
McCormick, Lisa 丽莎·麦考密克 68, 84, 85
McDonnell, Terence E. 特伦斯·E.麦克唐纳 44, 45
Mead, George Herbert 乔治·赫伯特·米德 11
meaning 意义 1, 2-3, 14, 17, 22, 47
  see also landscapes of meaning 也见意义景观
meaning-making 意义生成 1-2, 20
  analysis of 分析意义生成 48, 101, 118
  articulation 接合 73, 80, 85
  autonomous/heteronomous 自主/他律 93
  binary codes 二元编码 39
  contexts 背景 69-70, 81

cultural production 文化生产 75-76
cultural sociology 文化社会学 12-15
culture 文化 6, 103
domination 支配 10
ethnography 民族志 51
evaluation 评价 13, 20, 35, 36
functionalism 功能主义 76
globalization 全球化 18-19
habitus 惯习 56, 106
institutions 制度/机构 72-73
intentionality 意向性 51-55, 71
interaction 互动 5, 15, 16, 49, 72, 90-91, 101, 104-105, 106, 108, 114, 116
mass communication 大众传播 76-77
materiality 物质性 27, 45
narrative 叙事 41-42
norms 规范 2, 20, 63
performance theory 展演理论 66
politics 政治 45
as process 意义生成作为一种过程 13, 15-19
referentiality 指涉性 51-55, 71
repertoire 剧目库 108
signs 符号 24
situations 情境 50, 54, 55, 61, 63-65, 70-71
social construction of reality 现实的社会建构 14, 47
social constructionism 社会建构主义 11

social context 社会背景 73, 80, 85
socio-historical context 社会历史背景 75-79, 85-91, 98, 100, 104-105, 114
subcultures 亚文化 63, 106
symbolic forms 符号形式 24, 25-26, 27, 48, 49
symbols 符号 2, 20
Mears, Ashley 阿什利·米尔斯 89
media 传媒 1, 24, 76-77
Menger, Pierre-Michel 皮埃尔-米歇尔·门格尔 89
Meyrowitz, Joshua 约书亚·梅罗维茨 69
Miller, Laura 劳拉·米勒 82
mise-en-scène 舞台布置和呈现 67
Molnar, Virag 维拉格·莫尔纳 32
Mora, G. Cristina G. 克里斯蒂娜·莫拉 30, 31
moral judgements 道德判断 4-5, 29, 58
Mukerji, Chandra 钱德拉·穆克吉 7, 44, 81
Mullaney, Jamie 杰米·穆拉尼 29
music 音乐
    genres 体裁 43, 65, 68, 74, 83-84, 90, 94
    innovation 创新 43, 79, 88
    mass-produced 大规模生产 16, 79
    scenes 场景 65
    subcultures 亚文化 63, 65
    symbolic boundaries 符号边界 32

music industry 音乐产业 74, 117
Mythologies (Barthes) 《神话学》（巴特）23-44

N

naming 命名 30-31
narrative 叙事 26, 41-42, 49, 105, 108
national identities 国家认同 59-60, 81
national parks 国家公园 18
nationalities 国籍 30, 31, 111-112
nation-state 民族国家 81, 96, 97
neo-institutionalism 新制度主义 92
New Zealand 新西兰 2
news sources 新闻来源 41-42
news stories 新闻故事 24
Nicolay, Nicolas de 尼古拉斯·德尼古拉 7
Nippert-Eng, Christena 克里斯蒂娜·尼伯特-恩格 29, 30, 44
Nisbet, Robert 罗伯特·尼斯贝特 9-10
norms 规范
    conventions 常规惯例 25
    flags 旗帜 44
    genre-specific 特定体裁 86
    industry 产业 88
    interaction 互动 5
    kitchen work 厨房工作 62
    meaning-making 意义生成 2, 20, 63
    paying attention to 关注规范 2, 4, 6, 10, 12-13, 101-103

and practices 规范与实践 7
presuppositions 前提/假设 53
scenes 场景 65
schemas 图式 33
shared 共享规范 51, 61, 70
signs 符号 15
speech 言语 63, 64, 65, 71
transnational culture 跨国文化 91
Norton, Matthew 马修·诺顿 29, 36, 40, 53, 81
Norway 挪威 2-3

O

Obama, Barack 巴拉克·奥巴马 69
occupational careers 职业生涯 89-90, 99
occupational subcultures 职业亚文化 62, 71
Okin, Susan M. 苏珊·M. 奥金 30
Olympics 奥运会 44, 66, 67
Omi, Michael 迈克尔·奥米 31
organizations 组织 15-16, 77, 79, 92
　　see also structure, organizations 也见结构；组织
Ortner, Sherry 雪莉·奥特纳 9
outsider art 非主流艺术 84-85
overgeneralizations 过度概括 79, 106
overproduction 过度生产 88
Oware, Matthew 奥威尔·马修 94
ownership 所有权 87

P

Panofsky, Aaron 亚伦·帕诺夫斯基 32, 95
Parks, Rosa 罗莎·帕克斯 42
patterns 模式 52-53, 63-64, 104
performance 展演
　　actors 行动者（演员）67
　　Alexander 亚历山大 54-55, 66-69
　　analysis 分析 54, 55, 71, 72
　　books 图书 109
　　communication 沟通 66-68
　　as conceptual tool 展演作为一种概念工具 105, 106
　　convention 传统 65
　　gender 性别 19
　　intentionality 意向性 68
　　interaction 互动 71
　　meaning-making 意义生成 66
　　politics 政治 69, 103, 109, 117
　　referentiality 指涉性 68
　　wrestling 摔跤 23, 57
Peterson, Richard A. 理查德·彼得森 58, 65, 74, 79, 83, 86, 87, 88
Petridis, Alexis 亚历克西斯·佩特里迪斯 91
police and drug dealers 警察与贩毒者 50-51
politics 政治
　　binary codes 二元编码 40
　　cognitive categories 认知范畴 30

as competitive sport 作为一个竞技场 56
economics 经济 8, 9, 13, 102
meaning-making 意义生成 45
performance 展演 69, 103, 109, 117
United States 美国 39-40, 69
Polletta, Francesca 弗朗西斯卡·波莱塔 41, 42
pop art 波普艺术 84
popular culture 流行文化 8, 23-24, 83, 84, 86, 88, 99
populism 民粹主义 81
Portugal 葡萄牙 81
Powell, Walter W. 沃尔特·W. 鲍威尔 92
practice 实践 7, 53, 55-58, 60, 72, 76, 106
presuppositions 前提/假设 14-15, 53, 74, 104
printing 印刷 77, 87
production-of-culture approach 文化生产路径 85-91, 99, 106, 109
profane/sacred 凡俗/神圣 28, 39
professions 专业 6, 99, 117
Protestant Ethic 新教伦理 12
public/private spheres 公共/私人领域 29, 38
publishing industry 出版业 77, 89, 107, 109

R

racial categories 种族范畴 30, 31, 32, 41-42

racial diversity 种族多样性 81
racism 种族主义 31, 115-116
radio industry 广播业 74, 78, 86, 87
Ragin, Charles C. 查尔斯·C. 拉金 52
railway industry 铁路行业 82
rap music 说唱音乐 43, 83, 94
rave music 锐舞音乐 65
Reckwitz, Andreas 安德雷亚斯·莱克维茨 55
Reed, Isaac A. 艾萨克·里德 46, 69, 81, 105
referentiality 指涉性
　intentionality 意向性 48, 51-55, 68, 71
　meaning-making 意义生成 54-55, 71
　patterns 模式 52-53
　performance 展演 68
　situations 情境 53-54
　symbolic forms 符号形式 75
reflection theory 反映论
　aesthetics 审美 84
　articulation 接合 85
　challenged 挑战 78, 93, 98, 99
　Marxism 马克思主义 76
　overgeneralizations 过度概括 79, 106
　social structures 社会结构 75, 103
Reformation 宗教改革 80
regulation/law 监管/法律 87, 99
religions 宗教 28, 39
repertoire 剧目库 108, 114, 116
　see also cultural repertoire 也见 文化

剧目

restaurants 餐厅 30, 62, 94-95

rituals 仪式

  meaning-making 意义生成 20

  Olympics 奥运会 44

  paying attention to 关注仪式 2-3, 19, 101-102, 103

  signs 符号 15

Rivera, Lauren A. 劳伦·里韦拉 17-18, 58, 68

rock and roll 摇滚乐 74, 86-87

Rodríguez-Muñiz, Michael 迈克尔·罗德里格斯-穆尼兹 31

Rohlinger, Deanna 迪安娜·罗林格 33-34

Rossman, Gabriel 加布里埃尔·罗斯曼 89

Roy, William 威廉·罗伊 82, 83

S

sacred/profane 神圣/凡俗 28, 39

Sallaz, Jefffrey J. 杰弗里·J. 萨拉兹 92

saluting soldier (Barthes) 敬礼的士兵（巴特）23-24

Saussure, Ferdinand 费迪南·德·索绪尔 36

Savelsberg, Joachim 约阿希姆·萨维尔斯伯格 38, 39, 96-97

scenes 场景 54, 55, 64-65, 71-72, 88, 99, 106, 109

schemas 图式

  analysis of 分析图式 47, 48

  categories 范畴 33

  as conceptual tool 作为一种概念工具 105

  cultural forms 文化形式 33, 34

  discursive fields 话语场域 39

  evaluation 评价 35, 36

  frames 框架 25-26, 34-35, 36

  gendered 性别化 33

  habitus 惯习 56

  interpretation 诠释 32

  Sewell 休厄尔 80

  symbolic forms 符号形式 32-33, 49, 115, 116

  What is Cultural Sociology?《什么是文化社会学?》107, 112

Schroeder, Ralph 拉尔夫·施罗德 10

Schudson, Michael 迈克尔·舒德森 44

Schutz, Alfred 阿尔弗雷德·舒茨 11

Schwartz, Barry 巴里·施瓦茨 28, 43, 46

science 场景 32, 95, 96, 99

scripts 脚本 67-68, 109

semiotics 符号学 41, 48, 105

Sewell, William H., Jr. 小威廉·休厄尔 32-33, 80

sexuality 性活动 4, 31, 32, 95

significations 表意系统 22, 24, 50, 75

signified/signifier 所指/能指 23-24

signs 符号

analysis of 分析符号 22-23, 27
　　convention 常规惯例 25
　　discourses 话语 37
　　materiality 物质性 27, 47
　　meaning 意义 47
　　meaning-making 意义生成 24
　　ritual 仪式 15
　　social construction of reality 现实的社
　　　会建构 11-12, 15
　　social context 社会背景 27
　　structure 结构 25, 26
　　symbols 符号 15
Simko, Christina 克里斯蒂娜·西姆科
　81
Simmel, Georg 格奥尔格·齐美尔 10
situations 情境
　　action 行动 69
　　actors 行动者 53
　　intentionality 意向性 53-54
　　interaction 互动 54, 60, 61, 64, 66, 69,
　　　70, 106
　　meaning-making 意义生成 50, 54, 55,
　　　61, 63-65, 70-71
　　national identity 国家认同 60
　　referentiality 指涉性 53-54
　　social context 社会背景 52
Skiles, Sara 萨拉·斯基尔斯 58
Skotnicki, Tad 塔德·斯科特尼基 82
Smith, Christian 克里斯蒂娜·史密斯 11
Smith, Eliot R. 艾略特·R. 史密斯 29

Smith, Philip 菲利普·史密斯 10, 36, 37,
　39-40, 42
Snow, David A. 大卫·斯诺 33
social class 社会阶级
　　boundaries 边界 32
　　child-rearing 养育孩子 57-58
　　field 场域 94
　　habitus 惯习 56-57, 73
　　sports 体育运动 57
　　status 地位 32
　　stigma 污名 103
　　taste 品味 57, 58
social construction of reality (Berger &
　Luckmann) 现实的社会建构（伯格和
　卢克曼）
　　action/interaction 行动/互动 49-50
　　conceptual tools 概念工具 104
　　everyday life 日常生活 10, 19, 22
　　legacy of 现实的社会建构的遗产 20-
　　　21
　　and meaning-making 现实的社会建构
　　　与意义生成 14, 47
　　signs 符号 11-12, 15
　　social structures 社会结构 17
　　socialization 社会化 23, 72-73, 118
　　The Social Construction of Reality
　　　(Berger & Luckmann)《现实的社会
　　　建构》（伯格和卢克曼）102, 108
social constructionism 社会建构主义 11,
　102

索引　219

social contexts 社会背景
　categorization 范畴 29
　convention 常规惯例 29
　cultural objects 文化客体 22
　meaning-making 意义生成 73, 80, 85
　signs 符号 27
　situations 情境 52
　symbolic forms 符号形式 74, 76
social difference 社会差异 3-4, 30
social institutions 社会制度 13, 14
social justice 社会正义 81
social media 社交媒体 78
social movements 社会运动 34, 40, 68, 83, 92, 103
social relationships 社会关系 11, 39-40, 43
social structures 社会结构
　culture 文化 74-75, 76, 98, 106
　organizations 组织 15-16
　reflection theory 反映论 75, 103
　signs 符号 25, 26
　and subjectivity 社会结构和主观性 17
socialism 社会主义 80
socialization 社会化
　groups 群体 11, 61
　individual 个体 23
　meaning-making 意义生成 55
　Nicolay 尼古拉 7
　primary/secondary 初级社会化 / 次级社会化 49-50, 53
　signification 表意系统 22
　social construction of reality 现实的社会建构 23, 72-73, 118
　symbolic interactionism 符号互动主义 11, 56
　wrestling 摔跤 73
socio-historical context 社会历史背景
　change 变迁 74, 76, 79, 80-81, 82, 84, 117
　cultural reproduction 文化再生产 117
　meaning-making 意义生成 75-79, 85-91, 98, 100, 104-105, 114
　popular culture 流行文化 99
　symbolic forms 符号形式 85, 98, 106
　What is Cultural Sociology?《什么是文化社会学?》109
sociological approach 社会学路径 10, 12-13, 16-17, 19, 26, 36
sociology 社会学 1, 9-12
solidarity 团结（凝聚力）7, 19, 34
Spain 西班牙 81
speech 言说 32, 36, 63-64, 65, 71, 81, 109
Spillman, Lyn 琳·斯皮尔曼
　discursive fields 话语场域 37, 38
　industry/markets 产业 / 市场 82
　national identities 国家认同 59, 81
　neo-institutionalism 新制度主义 92
　occupational subcultures 职业亚文化 62

presuppositions 前提 / 假设 14-15
professions 专业 6
social structure 社会结构 76
trade associations 行业协会 30
see also What is Cultural Sociology? 也见 《什么是文化社会学?》
sports 体育运动 44, 56, 57, 61, 66, 67, 70
statues/heroes 塑像 / 英雄 45
status 地位 10, 32, 44, 94, 95, 110
Steinmetz, George 乔治·斯坦梅茨 81
stereotypes 刻板印象 23, 50, 52
Stevens, Mitchell 米歇尔·斯蒂文斯 35
stigmatization 污名化 32, 35, 103
Stocking, George W., Jr. 小乔治·斯托金 9
story-telling 讲故事 29
  see also narrative 也见 叙事
Strand, Michael 迈克尔·斯特兰德 81
strategic action fields 战略行动场域 60, 92, 96-97
structuralist hermeneutics 结构主义诠释学 40-41
structure 结构
  agency 能动 14, 102, 103
  organizational 组织化结构 16, 86, 88-89, 99
  signs 符号 25, 26
  symbolic forms 符号形式 49
  see also social structures 也见 社会结构

subcultures 亚文化
  action/interaction 行动 / 互动 15
  groups 群体 54, 55
  interactional 相互作用 90-91
  language 语言 3-4
  meaning-making 意义生成 63, 106
  music 音乐 63, 65
  occupations 职业 62, 71
  shared experiences 共享经验 70-71
  symbolic boundaries 符号边界 63
  United States 美国 63
  see also idiocultures 也见 小群体文化
surveillance capitalism 监控资本主义 78
Swidler, Ann 安·斯威德勒 41, 53, 58-59, 60, 61
symbolic boundaries 符号边界
  cognitive categories 认知范畴 47, 48, 49
  as conceptual tool 作为一种概念工具 105
  disciplines 学科 107
  evaluation 评价 110-111
  genres 体裁 84
  groups 群体 25-26, 54
  Lamont 拉蒙 31-32
  music 音乐 32
  science/non-science 科学 / 非科学 32
  subcultures 亚文化 63
  What is Cultural Sociology? 《什么是文化社会学?》 107, 110-111, 115-116

索 引 221

symbolic forms 符号形式
  actors 行动者 34
  analysis of 分析符号形式 22, 72, 101, 104–105, 112, 113
  articulation 接合 85, 98, 106
  Barthes 巴特 73
  binary codes 二元编码 48, 105, 107–108
  circulation 循环／流通 98
  contextual 情境中的 75
  convention 常规惯例 49
  cultural analysis 文化分析 48
  cultural objects 文化客体 43–44
  innovation 创新 104–105
  institutions 制度／机构 77
  intentionality 意向性 51–52, 75
  interaction 互动 60, 105–106, 113–114
  internal structures 内在结构 35, 36–43
  interpretation 诠释 46–47, 86
  mass communication 大众传播 77
  meaning-making 意义生成 24, 25–26, 27, 48, 49
  referentiality 指涉性 75
  schemas 图式 32–33, 49, 115, 116
  social contexts 社会背景 74, 76
  socio-historical 社会历史的 85, 98, 106
symbolic interactionism 符号互动主义 11, 49, 51, 56, 70
symbols 符号
  cultural forms 文化形式 27

  language 语言 3
  meaning-making 意义生成 2, 20
  paying attention to 关注符号 19, 101–102
  production of 符号生产 67, 86, 87–90
  repertoires 剧目库 106
  shared 共享符号 3–4
  signs 符号 15

T

taste 品味 56–58
Tavory, Iddo 伊多・塔沃里 41
technology 技术 45, 73, 86, 87, 99, 116
television 电视 86–87, 91
television writers 电视剧编剧 90
Tepper, Stephen J. 斯蒂芬・J. 泰珀 89
Thévenot, Laurent 劳伦・泰弗诺 35
Thomas, Dorothy S. 多萝西・托马斯 53
Thomas, William I. 威廉・I. 托马斯 53
Thompson, John B. 约翰・汤普森
  intentionality/referentiality 意向性／指涉性 68
  mass communication 大众传播 76–77
  meaning-making 意义生成 36, 48
  signs 符号 26
  symbolic forms 符号形式 25, 51–52, 75, 77
Thornton, Patricia H. 帕特里夏・H. 桑顿 92
Tognato, Carlo 卡洛・托尼亚托 40

Townsley, Eleanor 埃莉诺·汤斯利 38
trade associations 行业协会 30
tradition 传统 4, 9-10
trust/distrust 信任 / 不信任 41

U

underground bedroom pop 地下卧室流行乐 90-91
uniforms 制服 3
United States of America 美国
 Anglo inheritance 盎格鲁传承 37-38
 immigration news 移民新闻 34
 journalistic fields 新闻场域 96
 as national field 作为国家场域 111-112
 national identity 国家认同 59-60, 81
 political discourse 政治话语 39-40
 racial categorization 种族范畴 30, 81
 socio-economic/cultural boundaries 社会经济 / 文化边界 31
 speech genres 话语风格 81
subcultures 亚文化 63

V

Vaisey, Stephen 斯蒂芬·维西 59
valuation 评估 26, 35, 49, 105, 107
value judgements 价值判断 8, 35
values 价值观 1, 4-5
Van Maanen, John 约翰·范马南 62
Vera, Hector 维拉·赫克托 11

video games 视频游戏 56
Vietnam Veterans Memorial 越战纪念碑 46
Vietnam War 越南战争 43
Vietnamese hostess bars 越南招待酒吧 19
violence 暴力 16, 24, 25, 26, 38-39
visual arts 视觉艺术 84-85, 94
volunteers, religious 宗教志愿者 64

W

Wagner-Pacifici, Robin 罗宾·瓦格纳-帕西菲奇 22, 43, 46
Waidzunas, Tom 汤姆·韦兹纳斯 31, 32, 34, 95
war 战争 43, 45
war memorials 战争纪念碑 43, 46
Warde, Alan 艾伦·沃德 82
Weber, Klaus 克劳斯·韦伯 40
Weber, Max 马克斯·韦伯 10, 11, 12
What is Cultural Sociology? (Spillman)《什么是文化社会学？》（斯皮尔曼）
 conceptual tools 概念工具 115-118
 cultural analysis of 文化分析 107-118
 cultural sociology of 107-10 文化社会学
 debates and differences 112-115 争论和分歧
 field/genre 场域 / 体裁 108, 110-111
 missing elements 缺失的元素 110-112

schemas 图式 107, 112

symbolic boundaries 符号边界 110-111

Wherry, Frederick F. 弗雷德里克·F. 惠里 68

White, Cynthia 辛西娅·怀特 84

White, Harrison 哈里斯·怀特 84

Williams, Raymond 雷蒙德·威廉斯 7-8, 13-14, 76

Winant, Howard 霍华德·怀南特 31

Wood, Michael 迈克尔·伍德 33

work-life balance 工作生活平衡 29, 33, 39

working class 工人阶级 32, 57

wrestling 摔跤 23, 50, 57, 73

Wright, Richard 理查德·怀特 50

Wuthnow, Robert 罗伯特·伍斯诺 10, 37, 80, 98

Y

Yellowstone national park 黄石国家公园 18

YouTube 优兔 87

Z

Zavisca, Jane 简·扎维斯卡 92

Zelizer, Viviana A. 薇薇安娜·泽利泽 35, 82

Zerubavel, Eviatar 伊维塔·泽鲁巴维尔 28-29

Zolberg, Vera 维拉·佐尔伯格 84, 85

Zuboff, Shoshana 肖莎娜·祖博夫 78

Zubrzycki, Geneviève 热纳维耶芙·祖布里茨基 45

Zuckerman, Ezra 以斯拉·朱克曼 6, 30